学生必读的
中外名人故事

ZHONGWAI
MINGRENGUSHI

徐井才◎主编

优秀学生
必读必知丛书
★ ★ ★
YOUXIUXUESHENG
BIDUBIZHICONGSHU

新华出版社

图书在版编目（CIP）数据

学生必读的中外名人故事/徐井才主编．
—北京：新华出版社，2013.2（2023.3重印）
（优秀学生必读必知丛书）
ISBN 978－7－5166－0397－0－01

Ⅰ．①学…　Ⅱ．①徐…　Ⅲ．①名人—生平世迹—世界—少儿读物
Ⅳ．①K811－49

中国版本图书馆 CIP 数据核字（2013）第025048号

学生必读的中外名人故事

主　　编：徐井才

封面设计：睿莎浩影文化传媒　　　责任编辑：张永杰

出版发行：新华出版社
地　　址：北京石景山区京原路8号　　　邮　　编：100040
网　　址：http：//www.xinhuapub.com
经　　销：新华书店
购书热线：010－63077122　　　**中国新闻书店购书热线：010－63072012**

照　　排：北京东方视点数据技术有限公司
印　　刷：永清县晔盛亚胶印有限公司

成品尺寸：165mm×230mm
印　　张：12　　　　　　字　　数：188千字
版　　次：2013年3月第一版　　　印　　次：2023年3月第三次印刷
书　　号：ISBN 978－7－5166－0397－0－01
定　　价：36.00元

——前 言——

　　在人类历史长河中，曾经涌现出这样一群人：他们具备睿智的目光，蕴藏博大精深的智慧，具有执著的精神，拥有深远的影响，为人类社会的进步作出了杰出的贡献。我们将这些人称之为名人。

　　走进名人，了解名人，从来都是激励小朋友们通向成功的重要途径。我们从他们的故事中能深切地感受到名人们跋涉的艰辛，同时也能真切地感悟到——面对名人，会有那么多的捷径可寻、有那么多的诀窍可学、有那么多的经验可以借鉴。

　　为了满足小朋友们了解名人、学习名人的需要，我们精选出了几十位小朋友们熟悉的代表人物，按他们所在年代的先后顺序排列，把他们有趣的、激励人的故事告诉小朋友们，另外书中配有大量精美的插图，文字都有加注的拼音，这样更便于小朋友们阅读。

　　我们真诚地希望小朋友们在阅读这些精彩故事的过程中，能够领略这些名人的风采与智慧，受到启发和教育。

目 录
MU LU

qiān gǔ shèng rén   kǒng zǐ
千古圣人——孔子

生于公元前551年,死于公元前479年。名丘,中国古代伟大的思想家、教育家,儒家学派的创始人。他的弟子将他的言论编成了一部名叫《论语》的著作。

kǒng zǐ xué lǐ
孔子学礼

kǒng zǐ chū shēng yú lǔ guó   jīn shān dōng qū fù   yí gè wǔ guān zhī jiā
孔子出生于鲁国（今山东曲阜）一个武官之家。

tā chū shēng shí zhǎng de hěn shì guài yì nán kàn   bí kǒng cháo tiān   yá chǐ bào lù
他出生时长得很是怪异难看：鼻孔朝天、牙齿暴露,

tóu dǐng āo xiàn de fǎng fú shì yí zuò shān qiū   kǒng zǐ de fù qīn kàn zhe hái zi
头顶凹陷得仿佛是一座山丘。孔子的父亲看着孩子

de yàng zi   biàn gěi tā qǔ míng wéi kǒng qiū   zì zhòng ní
的样子,便给他取名为孔丘,字仲尼。

kǒng zǐ de fù qīn zài kǒng zǐ sān suì shí jiù qù shì le   tā cóng xiǎo yóu
孔子的父亲在孔子三岁时就去世了,他从小由

mǔ qīn yǎng dà   kǒng zǐ de
母亲养大。孔子的

mǔ qīn yán shì hěn xián dé   jīng
母亲颜氏很贤德,经

cháng jiāo tā shí zì   dú shū
常教他识字、读书。

kǒng zǐ zì yòu cōng ming   mǔ
孔子自幼聪明,母

qīn jiāo tā shuō huà   shí zì
亲教他说话、识字,

xué yì liǎng biàn jiù jì zhù
学一两遍就记住

le
了。

阙(què)里坊,为孔子故里。因孔子的直系后代世居于此,所以孔家也称阙里世家

孔子从很小的时候就对礼仪的知识特别感兴趣，总是问个不休。三岁那年，一天狂风大作，雷声阵阵，孔子的母亲颜氏正忙着收衣服，却看见孔子一个人拿着俎豆(古代祭祀时盛牛羊等祭品的器具)走出家门。过了一会儿，还不见孔子回来，母亲出门一看，孔子在门口用土堆和草摆了像模像样的祭祀仪式，口中还念念有词。她招呼孔子说："要下雨了，快别玩儿了，赶紧回家来。"孔子一本正经地回答妈妈说："我不是在玩儿，我是在学习如何祭天。"

孔子的母亲愣住了，可她仔细看着一招一式都很认真的孔子，觉得他确实不是在玩儿。她心里暗暗思量：这孩子的兴趣很好，不如趁机引导他，于是就把孔子送到了外祖父家里。孔子的外祖父是个很懂礼法的人，在他的教导下，孔子进步更大了。

孔子学琴

因为家境贫困，孔子稍大一些就很懂事，知道体贴母亲，他经常做一些力所能及的活来减轻母亲的负担。刚刚七岁的孔子就上山去砍柴了，开始母亲不放心他，总是叫哥哥和他一起去，但因为哥哥腿有毛病，孔子就一个人每天去山上。

有一天，孔子砍好了柴正在歇息，忽然被远处传来的一阵美妙琴声给吸引住了。他听着听着就像入了迷一样，不知不觉中就顺着琴声找了过去。翻山越岭之后，他看到了一位穿着古雅的老人正坐在树下弹琴。他怕打搅了人家，就坐在一边悄悄听。老人其实已经看到了孔子，但没理他。等孔子从恍若仙境般的感觉中醒过来的时候，老人已经不见了，孔子甚至觉得刚刚做了一个梦。看到天色不早，他顾不上多想，赶紧回家了。

第二天他正在砍柴的时候又听到了琴声，他虽然告诉自己不要打搅老人，但实在忍不住又找到了那里，像昨天一样，等孔子睁开眼睛时又看不到那个老人了，孔子心里很惭愧，觉得自己打搅了人家。

第三天的时候，孔子没敢出来，悄悄藏在树后屏住

孔子讲学蜡像图

呼吸听，但老人这次弹琴后没走，把孔子从树后叫了出来。孔子很不安地对老人说："我每天在您身边真的是打搅您，但您弹得实在太好了。请您原谅我的莽撞，如果您不希望我出现，我以后就不来了。"老人见孩子很诚恳，笑着问他的来历，孔子说："我姓孔名丘，字仲尼，排行第二，三岁丧父，哥哥的腿有毛病，我们靠砍柴度日。"

老人想考考孔子，就问了史书上一些事，结果孔子对答如流。老人很满意，就问他："你很喜欢琴吗？"孔子回答："母亲对我说，'六艺'是立身的根本，琴为乐，是六艺之一……"老人问孔子："你愿意

学琴吗？"聪明的孔子马上拜倒在地，声音洪亮地说："孔丘愿意拜您为师。"就这样，孔子跟随老人学琴，为了

孔子周游列国的铜像

能学好，他刻苦地练习，无论冬夏都坚持不懈。

功夫不负有心人，两年之后，他的琴技有了很大的提高。人们形容他的琴声"似行云流水，百鸟齐鸣，风听了不吹，鸟听了不飞，绕梁三日不退"。

长大后，孔子在鲁国先做官，后来带领弟子周游列国，宣传他的政治主张。晚年，他着手整理了《诗》、《书》等古代文献，并办起了私学，招收了很多学生，据说前后有三千多人，其中出类拔萃的有72人。孔子将教育普及于平民，培养出了许多出身下层平民的人才。孔子的思想主张被他的弟子编辑成《论语》一书。汉代以后，孔子被尊称为"圣人"，他的思想成为中国正统的思想。

兵家之祖——孙武
bīng jiā zhī zǔ　　sūn wǔ

生于公元前551年,死于公元前479年。字长卿,世俗尊称其为孙子或孙武子。春秋末年齐国乐安(今山东惠民)人,春秋时期杰出的军事家,著有《孙子兵法》一书。

孙武训宫女
sūn wǔ xùn gōng nǚ

孙子本姓田,是齐国贵族。其祖父田书颇有军事指挥才能,曾被封一块封邑,获赐孙姓。父亲孙冯,做过齐国的卿相。孙氏家族后因无法忍受齐国内部激烈的权力纷争,去了吴国。从青年时代起,孙武就多次参加诸侯间的征战,积累了丰富的战争经验。在吴国,孙武一边耕田,一边写了《孙子兵法》这一兵书。

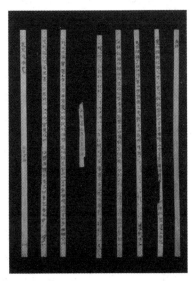

山东银雀山汉墓出土的《孙子兵法》竹简

当时,吴王阖闾刚夺得王位,一心想扩充军备,建立霸业,急需能统兵征战的大将之才。大臣伍子胥推荐了孙武。吴王看完孙武的兵书后，立即召见孙武。见了孙武，吴王故意刁难他说："我很佩服先生的学问，不知先生能不能训练出一支女兵队伍来？"

"当然能！"孙武自信地回答说。

吴王不信，就从后宫叫来一百零八个宫女，要孙武把她们训练成一支能征善战的部队。孙武将宫女分成两队，挑选了两名最受吴王宠爱的宫女做队长。然后把操练的内容和方法详细地说了一遍，接着宣布了军队的纪律，最后他问："你们记住了吗？"

"记住了！"宫女们回答说。

于是孙武向她们发出了操练的命令。可宫女们听了都嘻嘻哈哈地笑了起来。原来她们并没有把孙武的话当回事，一句也没记住。孙武又把刚才的话重复了几遍，然后第二次发号施令。这回宫女们又笑了，两个队长笑得更是东倒西歪。

孙武不再多说什么，命令左右把两个队长拉下去斩首。吴王大惊，忙派人替两个队长说情，可孙武还是把她们斩了，另选了两名宫女做队长。这样一来，宫女们知道军令是怎么回事了，在接下来的训练中不敢再有丝毫的马虎。向左向右，向前向后，跪下站起，都符合规定要求，整齐

孙 武

得如同画线一般，而且无人敢出声喧哗。孙武这才派人报告吴王说："队伍已经训练整齐，大王可以下台近前观看，您愿意怎么调动就怎么调动，即使赴汤蹈火也是可以的。"

吴王阖闾正为孙武杀了两个他宠爱的宫女满肚子不高兴，悻悻地说："将军让她们回去休息吧，我不想到台下观看。"孙武一针见血地说："您只不过喜欢空谈兵法，根本不可能真正实行。"

过了两天，吴王的气消了一些，在伍子胥的开导下，吴王检阅了这支特殊的队伍，宫女们果真是个个能征善战。吴王十分佩服孙武的才干，请他做了将军，负责练兵伐楚。

古希腊著名学者——阿基米德

生于公元前285年，死于公元前212年。他发现了浮力定律，是古希腊最著名的数学家、物理学家。

发现浮力

在很久很久以前，古希腊有一位著名的学者名叫阿基米德，他的聪明和智慧得到全国人民的称赞。

有一天，国王想打造一顶崭新的漂亮王冠，他找来一个金匠，交给他一整块金子，要他尽快把王冠做好。

王冠很快做成了，它精致、美丽、光彩夺目，国王喜欢得不得了，高兴地戴着王冠在大臣们中走来走去。这时，有人议论起来："陛下的王冠非常精美，但到底是不是纯金的呢？"国王听见这话，马上叫来金匠，问："你给我造的这顶王冠是纯金的吗？"金匠立刻红着脸，向国王鞠了一躬，说："尊

敬的陛下，您的金子我全部用完了，刚好不多也不

少，不信您可以称一称，看看它是不是和金块一样

重。"

大臣们把王冠放在天平上，果然和金块一样

重，国王只好把金匠放了。但国王知道，金匠的话

并不可信，因为他可以用较多的银子换下同等重

量的金子，而外表根本看不出来。

国王非常苦恼，便把这件事告诉了阿基米德，

要阿基米德弄明白。

阿基米德回到家里，把王冠和金块重新称了

一遍，是一样重的。他把那顶王冠放在桌子上，盯

着它，脑子里想着这个问题，像入了迷一样，连仆

人叫他吃饭他都不应声。

他想："王冠和金子一样重，肯定比纯金的王

冠大。怎样才能知道这个王冠的体积和纯金王冠

的体积哪个大哪个小呢？除非再造一顶，不过那样就

太费事了，国王不会同意的。"

聪明的阿基米德犯愁了，他冥思苦想，常常一

阿基米德发现浮力

坐就是半天，大家都说这下阿基米德可被难住了。

有一天，阿基米德在家洗澡，由于他心不在焉，把浴缸里的水装得满满的，几乎要溢出来。他一走进去水便哗哗地往外淌，随着他浸入水中的身体越多，水往外流得越多。阿基米德忽然间眼睛一亮，盯着那些流在地上的水想：流出去的水和我身体的体积应该是一样的吗？他兴奋起来，立即把浴缸里的水重新加满再走进去试了一次，然后又加满试了一次。他忽然间恍然大悟，拍着手大叫："我发现了，我发现了！"然后连衣服也忘了穿，狂喊着奔出了浴室。

第二天，阿基米德在国王和大臣面前做了一个实验，当然还包括那位金匠。他把王冠和同等重量的金块同时浸到盛满水的两个同样大小的容器

中，然后把溢出来的水收集到量筒中。结果，王冠排出来的水比金块排出来的水多。

阿基米德说："大家都看见了吧。很显然，王冠在水中占的地方比金块占的地方大，如果王冠是纯金的，它们排出来的水应该一样多，也就是说它们的体积应该是一样大的。"

那个金匠再也无话可说了，国王狠狠地惩罚了那个金匠。因为阿基米德为他解决了难题，他很高兴，重重地赏赐了阿基米德。

阿基米德守城

公元前215年，罗马将领马塞拉斯率领大军，乘坐战舰来到了历史名城叙拉古城下，马塞拉斯以为小小的叙拉古城会不攻自破，甚至以为叙古拉城的人听到罗马大军的显赫名声，会立刻开城投降。

然而，回答罗马军队的是一阵阵密集可怕的

biāo jiàn hé shí tou　　luó mǎ rén de xiǎo dùn pái dǐ dǎng bú zhù shǔ bù qīng de
镖、箭和石头。罗马人的小盾牌抵挡不住数不清的

dà dà xiǎo xiǎo de shí tou　 tā men bèi dǎ de sàng hún luò pò　 zhēng xiāng táo
大大小小的石头，他们被打得丧魂落魄，争相逃

mìng
命。

tū rán　　cóng chéng qiáng shang shēn chū le wú shù jù dà de qǐ zhòng jī shì
　　突然，从城墙上伸出了无数巨大的起重机式

de jī xiè jù shǒu tā men fēn bié zhuā zhù luó mǎ rén de zhàn chuán bǎ chuán diào
的机械巨手，它们分别抓住罗马人的战船，把船吊

zài bàn kōng zhōng yáo lái huàng qù　 zuì hòu shuǎi zài hǎi biān de yán shí shang　huò
在半空中摇来晃去，最后甩在海边的岩石上，或

shì bǎ chuán zhòng zhòng de shuāi zài hǎi li　 chuán huǐ rén wáng mǎ sài lā sī jiǎo
是把船重重地摔在海里，船毁人亡。马塞拉斯侥

xìng méi yǒu shòu shāng　　dàn tā wán quán shī qù le gāng lái shí de jiāo ào hé kuáng
幸没有受伤，但他完全失去了刚来时的骄傲和狂

wàng　 biàn de bù zhī suǒ cuò　 zuì hòu zhǐ hǎo xià lìng chè tuì　 bǎ chuán kāi dào
妄，变得不知所措。最后只好下令撤退，把船开到

ān quán dì dài
安全地带。

luó mǎ jūn duì sǐ shāng wú shù　　bèi xù lā gǔ rén dǎ de yūn tóu zhuàn
　　罗马军队死伤无数，被叙拉古人打得晕头转

xiàng　kě shì　tā men de dí rén　　　xù gǔ lā rén zài nǎ lǐ ne　　tā men
向。可是，他们的敌人——叙古拉人在哪里呢？他们

lián yǐng zi yě zhǎo bú dào
连影子也找不到。

mǎ sài lā sī zuì hòu gǎn kǎi wàn qiān de duì shēn biān de shì bīng shuō　　zěn
　　马塞拉斯最后感慨万千地对身边的士兵说："怎

me yàng　 zài zhè wèi jǐ hé xué　 bǎi shǒu jù rén　miàn qián wǒ men zhǐ dé fàng
么样？在这位几何学'百手巨人'面前，我们只得放

qì zuò zhàn　 tā ná wǒ men de zhàn chuán dāng yóu xì rēng zhe wán　 zài yí chà nà
弃作战。他拿我们的战船当游戏扔着玩。在一刹那

jiān　 tā xiàng wǒ men tóu shè le zhè me duō biāo 、jiàn hé shí kuài tā nán dào bù
间，他向我们投射了这么多镖、箭和石块，他难道不

bǐ shén huà li de bǎi shǒu jù rén hái lì hai ma　 mǎ sài lā sī shuō de　 bǎi
比神话里的百手巨人还厉害吗？"马塞拉斯说的"百

手巨人"是谁呢？

原来，当时所有受过教育的人都知道，在叙拉古城里住着一位人间奇才阿基米德。年过古稀的阿基米德是一位闻名于世的大科学家。在保卫叙拉古城时，他动用了杠杆、滑轮、曲柄、螺杆和齿轮。他不仅用人力开动那些投射镖、箭和石弹的机器，而且还利用风力和水力，利用有关平衡和重心的知识、曲线的知识和远距离使用作用力的知识等。难怪马塞拉斯不费劲地就找到了自己惨败的原因。当天晚上，马塞拉斯连夜逼近城墙。他以为阿基米德的机器只能远距离发挥作用，他们在城墙下，阿基米德的机器就无法发挥作用了。不料，阿基米德早准备好了投石机之类的短距离器械，再次逼退了罗马军队的进攻。罗马人被吓得谈虎色变，一看到城墙上出现木梁或绳子，就抱头鼠窜，惊叫着跑开："阿基米德来了！"

阿基米德用自己的智慧和爱国的诚心，竟抵挡了进攻的罗马军队好多年。

忍辱胯下成大事——韩信
rěn rǔ kuà xià chéng dà shì　　hán xìn

秦末汉初杰出的军事家。受萧何极力推荐，被刘邦拜为大将，帮助刘邦打败项羽，被封为楚王，后被降为淮阴侯。

忍辱胯下
rěn rǔ kuà xià

韩信自幼家贫，但喜好读兵法，不愿下地劳动。他的行为操守又不很好，所以，他没能被推荐做一个小吏，又不能经商谋生，就常常跟着别人混点吃喝。人们大都厌烦他。

有一次，他在一位亭长家里寄食了好几个月，亭长的妻子深感苦恼。一天，吃饭的时间到了，韩信又像往常一样前去，却发现亭长的妻子并没有准备他的食具。韩信知道了她的意思，愤然离去，再也没去过亭长家。

一天，淮阴县的屠夫中有一少年嘲讽韩信说："你虽然长得很高大，又喜欢佩带刀剑，但实际上你非常胆小。"众人都羞辱韩信，其中一少年说："你

rú guǒ bú pà sǐ jiù ná dāo cì wǒ
如果不怕死，就拿刀刺我；
nǐ rú guǒ bù gǎn cì jiù cóng wǒ de
你如果不敢刺，就从我的
kuà xià zuān guò qù hán xìn shǒu wò jiàn
胯下钻过去。"韩信手握剑
bǐng xīn zhōng shí fēn fèn nù zhēn xiǎng
柄，心中十分愤怒，真想
bá jiàn shā le zhè ge jiā huo dàn shā
拔剑杀了这个家伙。但杀
rén yào cháng mìng zì jǐ de bào fù biàn
人要偿命，自己的抱负便
wú cóng shī zhǎn le hán xìn xiǎng le
无从施展了。韩信想了
xiǎng jiù pā zài dì shang zài yí piàn
想，就趴在地上，在一片

韩信忍辱胯下图

cháo xiào shēng zhōng cóng wú lài de kuà xià pá le guò qù mǎn jiē de rén dōu rèn
嘲笑声中从无赖的胯下爬了过去。满街的人都认
wéi tā shì gè shí fēn qiè nuò de rén
为他是个十分怯懦的人。

piǎo mǔ fàn hán xìn
漂母饭韩信

hán xìn zhōng rì yóu dàng shēng huó wú jì yí rì zǒu zài hé biān fù zhōng
韩信终日游荡，生活无计。一日走在河边，腹中
shí fēn jī è pèng qiǎo hé biān yǒu yī lǎo fù zài piǎo bù hán xìn jiù shàng qián xiàng
十分饥饿。碰巧河边有一老妇在漂布，韩信就上前向
lǎo fù tǎo fàn chī lǎo fù huí jiā ná le xiē fàn cài dài gěi hán xìn hán xìn dé
老妇讨饭吃。老妇回家拿了些饭菜带给韩信，韩信得
yǐ bǎo shí le yí dùn hán xìn shí fēn gǎn jī lǎo fù xiàng lǎo fù xǔ yuàn shuō jiāng
以饱食了一顿。韩信十分感激老妇，向老妇许愿说将
lái yí dìng bào dá tā bù xiǎng lǎo fù shēng qǐ qì lái duì hán xìn dào wǒ bìng
来一定报答她。不想老妇生起气来，对韩信道："我并

不是可怜你才拿饭菜给你吃，看你一副相貌堂堂的样子，何故落魄到这样的地步？大丈夫不去报效国家，难道只会对漂布的老妇指手画脚吗？"韩信听后十分羞愧，下决心一定要做一番大事业。

韩信曾仗剑跟随项羽，但项羽却没有重用他。后来他离开楚军投奔了汉军，但也没有得到重用。有一次，他因犯法当斩，和他一同受罚的十三个人都已被斩，轮到他时，他仰头往上看，正好看见行刑的滕公。韩信说："主上难道不想成就天下大业吗？那为何要斩壮士？"滕公觉得他言语奇特，外貌不凡，就放了他，没有斩他。然后再与他交谈，不由得十分喜欢，连忙向刘邦回禀。不过刘邦并未重视他，只是封他做了一个小官。韩信忿而逃走，深知其能的丞相萧何亲自将他追回，又在刘邦面前力荐，韩信终于被刘邦以隆重的礼节仪式任命为大将军。

韩信水淹齐军

基督教 创 始 人——耶稣

基督教的创始人。他生活于下层人民中间，以救世主的名义传播上帝的"福音"——救赎苦难众生，并招募弟子进行传教布道。

上帝之子

每年12月25日的圣诞节，据说是圣主耶稣的降生日，大约公元前4年，耶稣生于耶路撒冷的伯利恒。在伯利恒的一个村庄，有一对新婚夫妇。一天夜里，丈夫约瑟梦见上帝说："你的妻子玛利亚是位圣女，她在代上帝生子，望好自为之。"于是当年的12月25日，耶稣降生了。伯利恒诞生了上帝之子的消息很快传播开来，专横的犹太国王下令杀掉所有在12月25日出生的婴儿。约瑟一家闻讯连夜出逃，逃到了埃及。

耶稣基督诞生

耶稣出生时其家境已经破落不堪，全家就靠父亲约瑟一人赚钱养活。因为家境贫寒，耶稣从来没有受过正式的学校教育，但是犹太民族早在摩西时就立下法规，祖孙父子世代相传，以其民族文化为家庭教育，耶稣也接受到社会和文化教育。

耶稣12岁时，跟随父母到耶路撒冷参拜神殿，竟忘了回家。父母找

圣母怀抱耶稣

到他时，发现他仍然坐在那里听经师讲经，并不时发问，句句惊人。他的母亲问他："我儿！你怎么这样对我们？你的父亲和我，寻你寻得好苦！"耶稣反问说："为什么找我？难道你们不知道我应该在我父亲的事情里吗？"约瑟和玛利亚都呆住了，他们哪里知道耶稣口中的父亲是天主，更不知道天主吩咐12岁的耶稣做什么事。回到拿撒勒后，耶稣的生活照旧，一直到30岁，拿撒勒人都叫他"木匠的儿子"。

耶稣传教

耶稣30岁左右时，开始外出传教。耶稣所传的教便是基督教。据说，他是一个无所不能、无所不会的人，他不断地为人们做好事，免费为百姓治病，越来越多的人开始崇拜他、信仰他。

他从信仰者中招了12位门徒，经常给他们讲基督教，后来基督教成为了饱受苦难的犹太人的精神寄托。

耶稣给十二门徒授道

耶稣死后，他的门徒继续宣传他的主张，特别是门徒保罗把耶稣描绘成一种"神力"，宣称"耶稣从来就是救世主，为救世人，流血牺牲，为人类赎了罪。世界末日，他将复临，帮助人们建立'理想之国'"。

后来，基督教成为罗马帝国的国教。在统治阶级的支持下，基督教以更大的势头传播开来，并最终发展成为世界三大宗教之一，对世界的政治和文化产生了深远的影响。

汉代杰出的科学家——张衡

生于公元78年,死于公元139年。我国汉代著名的科学家、文学家,也是世界著名的科学家。他的名字已经和他的浑天仪、地动仪一起载入世界科技史册。

数星星的孩子

张衡出生于南阳郡西鄂(今河南南阳市卧龙区石桥镇)。张衡的祖先虽是南阳名门,但到他父亲那一代,就已经衰落。张衡因此从小生活比较清苦。

小张衡有个不同于别的小伙伴的特殊爱好——喜欢数星星。每到满是星星的夜晚,小张衡总是会站在院子里,数着浩瀚的夜空里一闪一闪的星星,这时慈祥的奶奶总会在旁边笑着说:"傻孩子,星星哪能数得完呢?"

说到小张衡的这个特殊的爱好,那是和奶奶分不开的。很小的时候,小张衡就是奶奶的小尾巴,不管奶奶走到哪里,后面总会有小张衡的影子。他总是缠着奶奶给他讲故事。老人家似乎有讲不完的故事，又加上十分喜欢这个聪明的孙子，所以只要小张衡提出要听故事，奶奶就给他讲。在这些故事中，小张衡最喜欢的是北斗七星和月亮的传说，他总是一边抬着头望着天空里眨眼的星星，一边

张衡候风图

听奶奶讲，还不时地问奶奶："星星怎么不会像苹果一样掉下来呢？星星害怕下雨吗？……"对于聪明孙子的问题，奶奶当然也回答不上来，这让张衡越发觉得浩渺的夜空里会有无数的宝藏，同时也在他幼小的心灵里埋下了无数好奇的问号。

从奶奶那里得不到答案了，小张衡就急切地读书，他希望能够从书中找到自己想要的答案。

在他十岁那年，祖母和父亲相继去世了。舅舅送张衡到书馆里去读书。他深知读书对他来说是多么不容易，因此非常刻苦。不久，小张衡开始作诗了，他作的诗常常受到老师的夸奖呢。

为增长知识，小张衡博览群书。一天，他看到一本叫《鹖冠子》的书，被书中按北斗星定季节的四句话深深吸引住了。从此，他常常仰望着星空，观察北斗星的变化，日积月累，发现北斗星在围绕着一个中心转，一年转一圈。他自言自语地说："啊，我终于明白'北斗星移'是怎么一回事啦！"

浑天仪和地动仪

张衡勤学好问，随着一天天地长大，他的知识也越来越丰富了。后来，皇帝听说张衡是个有学问的人，就征召他到洛阳担任太史令，负责观察天文，这个工作正好符合他研究的兴趣。

经过他的观察研究，他断定地球是圆的，月亮是借太阳的照射才反射出光来。他还认为天好像鸡蛋壳，包在地的外面；地好像鸡蛋黄，在天的中间。这种学说虽然不完全精确，但在一千八百多年以前，能说出这种科学的见解来，不能不使后来的天文学家钦佩。

不光这样，张衡还用铜制造了一种测量天文的仪器，叫做"浑天仪"。上面刻着日月星辰等天文现象。他设法利用水力来转动这种仪器。据说什么

灵台遗址（在河南洛阳偃师市，是东汉时张衡观测天文的地方）

星从东方升起来，什么星向西方落下去，都能在浑天仪上看得清清楚楚。

那个时期，经常发生地震。有时候一年一次，也有时一年两次。发生一次大地震，就影响到好几十个郡，城墙、房屋发生倒塌，还死伤了许多人畜。

当时的封建帝王和一般人都把地震看作是不吉利的征兆，有的还趁机宣传迷信、欺骗人民。

但是，张衡却不信神，不信邪，他对记录下来的地震现象经过细心的考察和试验，发明了一个测

地动仪

地动仪是用青铜制造的，形状有点像一个酒坛，四围刻铸着八条龙，龙头向八个方向伸着，每条龙的嘴里含了一颗小铜球。每个龙头下面都蹲了一个铜制的蛤蟆，对准龙嘴张着嘴。哪个方向发生了地震，朝着那个方向的龙嘴就会自动张开来，把铜球吐出。铜球掉在蛤蟆的嘴里，发出响亮的声音，就给人发出地震的警报。

报地震的仪器，叫做"地动仪"。

公元138年2月的一天，张衡的地动仪正对西方的龙嘴突然张开来，吐出了铜球。按照张衡的设计，这就是报告西部发生了地震。

可是，那一天洛阳一点也没有地震的迹象，也没有听说附近有哪儿发生了地震。因此，大伙儿议论纷纷，都说张衡的地动仪是骗人的玩意儿，甚至有人说他有意造谣生事。

过了几天，有人骑着快马来向朝廷报告，离洛阳一千多里的金城、陇西一带发生了大地震，连山都有崩塌下来的。大伙儿这才信服。可是在那个时候，朝廷掌权的全是宦官或是外戚，像张衡这样有才能的人不但不被重用，反而被打击排挤。张衡做侍中的时候，因为与皇帝接近，宦官怕张衡在皇帝面前揭他们的短，就在皇帝面前讲张衡很多坏话。他被调出了京城，到河间去当国相。

张衡在他61岁那年病死。他在我国科学史上留下了光辉的业绩。

miào shǒu huí chūn de shén yī　　huà tuó
妙手回春的神医——华佗

生于约 145 年，死于 208 年。东汉末年的著名医学家，外科技术尤其精湛，首次将麻醉剂应用于外科手术，大大推进了外科手术的发展。

bài shī xué yì
拜师学艺

huà tuó hěn xiǎo de shí hou　　mǔ qīn jiù huàn jí zhèng bìng sǐ le　　huà tuó
华佗很小的时侯，母亲就患急症病死了。华佗
cóng cǐ lì zhì yào dāng yī shēng　　wèi qióng rén zhì bìng　　tì tā men jiě chú tòng
从此立志要当医生，为穷人治病，替他们解除痛
kǔ
苦。

tā tīng shuō　　qióng lín sì　　de zhǎng lǎo yī dào gāo míng　　jiù bù cí xīn
他听说"琼林寺"的长老医道高明，就不辞辛
láo　　bá shān shè shuǐ　　qián qù bài shī　　qióng lín sì de zhǎng lǎo jiàn tā yuǎn dào ér
劳，跋山涉水，前去拜师。琼林寺的长老见他远道而
lái　　chéng xīn bài shī　　biàn shōu xià le zhè ge tú dì
来，诚心拜师，便收下了这个徒弟。

zài sì zhōng　　bái tiān gàn wán zá huó　　yì yǒu kòng　　huà tuó jiù qù kàn shī
在寺中，白天干完杂活，一有空，华佗就去看师
fu wèi rén zhěn bìng　　wǎn shang dú yī shū zhí dào shēn yè　　tā de qín fèn shòu
父为人诊病，晚上读医书直到深夜。他的勤奋，受
dào le shī fu de kuā jiǎng
到了师父的夸奖。

yǒu yí cì　　zhǎng lǎo tū rán fā bìng hūn dǎo　　shī xiōng men dōu jīng huāng shī
有一次，长老突然发病昏倒，师兄们都惊慌失
cuò　　huà tuó què shí fēn chén zhuó zhèn jìng　　tā zhǔ dòng wèi shī fu bǎ mài　　yòng xīn
措，华佗却十分沉着镇静。他主动为师父把脉，用心
sī kǎo　　guò le piàn kè　　tā duì shī xiōng men shuō　　bú yào jǐn　　shī fu de mài
思考，过了片刻，他对师兄们说："不要紧，师父的脉

象平和有力，没有什么大的毛病，只是劳累所致，很快就会好的，请放心吧。"

大家听了也就踏实了。谁知大家刚刚安静下来，师父却笑了起来："哈哈，你们这些人只有华佗及

华佗像

格！"原来师父并没有真的生病，只是有意识地在考大家。回到屋子里，华佗发现刚才因为离开得急，碰倒了烛台，桌上的医书被烧了。他没声张，悄悄地又把书默写了出来。师父得知这件事后，对华佗赞不绝口。

麻沸散

远在东汉时期，华佗就已经可以给病人做手术了。但是当时没有麻醉药，做手术的时侯，因剧烈疼痛，病人经常是四肢乱动。无奈，华佗只好将病人

kǔn bǎng qǐ lái　　　kě shì zhè yàng hái shì bù xíng　bìng rén zhǐ yào kàn jiàn huà tuó
捆绑起来。可是这样还是不行，病人只要看见华佗

shǒu zhōng de dāo　jiù xià de dà rǎng dà jiào　kàn dào bìng rén tòng kǔ de yàng
手中的刀，就吓得大嚷大叫。看到病人痛苦的样

zi　huà tuó hěn shì xīn téng
子，华佗很是心疼。

yì tiān　jǐ gè rén tái zhe yí gè shòu shāng de qīng nián lái qiú yī　huà
　　一天，几个人抬着一个受伤的青年来求医。华

tuó yí kàn　zhè ge rén de tuǐ shuāi duàn le　yīn téng tòng yǐ jīng hūn mí　yú shì
佗一看，这个人的腿摔断了，因疼痛已经昏迷，于是

lì jí gěi tā dòng shǒu shù　yīn wèi shāng shì yán zhòng　shī xiě guò duō　huà tuó
立即给他动手术。因为伤势严重，失血过多，华佗

lái bù jí xiàng wǎng cháng yí yàng kǔn bǎng bìng rén　jiù kāi shǐ le shǒu shù　kāi
来不及像往常一样捆绑病人，就开始了手术。开

刮骨疗毒

　　传说关羽被毒箭射中肩膀后，华佗为其刮骨疗毒，在没有麻醉剂的情况下，关羽以下棋来转移自己
的注意力。

始时，华佗怕病人乱动，叫护送的人使劲按住病人的四肢，可是病人毫无挣扎的意思。手术进展得十分顺利。华佗十分纳闷：

"这是怎么回事呢？病人为什么没有任何的反应？"

他仔细观察，闻出了一股酒味。华佗恍然大悟：人喝了酒，到了醉的程度，就会失去知觉，当然就不知道疼痛了！华佗从中受到了很大的启示：发明一种药，手术前让病人吃下去，就可以减轻痛苦了。

此后，华佗走遍山山水水，和很多精通医学的人探讨，还亲自上山采集了许多草药，配成了各种各样的药方，煎熬后，自己先进行尝试，反复试验许多次，终于发明了中药的麻醉剂——麻沸散。此后，人们动手术再也不用为疼痛而担心了。

不求名利

华佗的诊断技术极为高超。有一天，在盐渎一

家酒店，几个人正在饮酒，华佗看见一个叫严昕的人脸色不正常，便问："你身体好吗？"严昕感到奇怪，回答说："很好，很正常。"华佗说："你有急病，最好不要多饮酒。"但严昕并没有在意，结果在回家的路上感到头晕目眩，从车上跌下，被人扶回家后不久便死去了。

由于华佗的医术高明，随之他的名气越来越大。位居丞相，权重一时的曹操患有头风眩（可能是三叉神经痛），屡治不效。闻得华佗医术超群，便召请华佗治疗。华佗来到许昌只给他扎了一针，便止住了疼痛，但不能断根。于是曹操为能够随时给自己治病和达到笼络方士的目的，强留华佗做他的侍医。不为名利所动亦不愿受此拘束的华佗不久就托辞妻子有病请假归乡，并一再延期不返。曹操勃然大怒，多次书信催促并命令郡县官吏督行，仍不见华佗回来，盛怒之下，就派人亲自去查访，并说若华佗妻果真有病则赐以小豆40斛，并再宽假数日。若是欺骗，便收华佗入监。后华佗被捕入狱，终遭曹操杀害。在临终之前，华佗曾把他一生行医的经验总结写成一部书稿交付给狱吏，告知他这是可以救人活命的书，狱吏却因怕受牵连而不敢接受。失望而无奈的华佗于悲凉之中用火焚毁了书稿，一生心血的结晶，顷刻之间，化为灰烬。

华佗在医学史上首先采用了以麻沸散进行全身麻醉对患者进行手术治疗的方法，将外科手术的范围空前地扩大，同时也为医学的发展开辟了新的道路。他还是体育疗法的创始者，创造了"五禽戏"，通过模仿虎、熊、鹿、猿、鸟的动作而保证血脉通畅，使消化能力加强，从而达到锻炼身心的目的。华佗对后世的中国医学产生了深远的影响，不但在当时被称为"神医"，而且被历来的医家推崇为"外科鼻祖"。

华佗五禽戏

书圣——王羲之
shū shèng　　wáng xī zhī

生于303年，死于361年。东晋时期著名的书法家，也是中国书法史上最盛名的书法大师。有"书圣"美称。

勤学苦练
qín xué kǔ liàn

王羲之的父亲王旷是淮南太守，收藏了很多书，又酷爱书法。自幼受着这种文化的熏陶，王羲之非常喜爱读书习字。四岁时，他就爬到桌子上，让父亲教他练习写字。七岁时，他的字就已经写得很像样子了。

他非常注意观看父亲写字。有一次，他看见父亲在写字的时候手里拿本书，一边欣赏，一边赞叹，十分珍爱，看完后还仔仔细细地收藏好。王羲之纳闷，这是一本什么书呢？让父亲如此珍惜？

鹅池

一天，趁父亲外出，他走进父亲的书房在书里寻找，终于找到了那本关于书法的书和字帖。他如获至宝，不仅认真读，而且照着书上说的去练。没多久，父亲看到小羲之的书法大有长进，就夸奖他。羲之把这件事情告诉了父亲。父亲听了以后非常高兴，又拿了一些书给他看，还对他写的字进行讲

《王羲之戏鹅图》(局部)

评，最后鼓励他说："练习书法没有什么诀窍，就是一个办法，下苦功多练！你就好好地练吧！"

小羲之受到了夸奖和鼓励，学习和练习就更加刻苦了。十岁时，为了让他学习不同的风格和技法，父亲请了当时很有名的女书法家来给他当老师。老师名叫卫铄，年已六十，人们都称她为卫夫人。她待人和气、亲切，但是对学生要求极严格。卫夫人叫王羲之把他练习写的字拿来看，边看边说："唔，基础不错嘛，但是，你不要自满，还有很多不足

因王羲之《兰亭序》而闻名的兰亭

之处，还要继续努力，才能有成绩。"

卫夫人教小羲之是十分耐心的，发现他写字的姿势不对，就说："写字的姿势是非常重要的，姿势端正，写的字也会端正，身子歪了，字就会写得不正。"于是卫夫人纠正了小羲之的姿势。她手把手地教他，还说："练习写字，心不要浮躁，要沉静下来，一笔一画，绝不能马虎，每一笔都要写到位，横就一定要平，竖就一定要直，一点都不能歪和斜。这样写出的字才端正。"

在卫夫人的辅导下，王羲之一丝不苟、不厌其烦地练习书法，写不好了，就重来。他像着了迷似的。

为了练字，他每天要用去大半天的时间，甚至吃饭、走路或与朋友

王羲之《兰亭序》摹本（局部）

闲聊，也总是用指头在自己身上横竖撇捺地比划，揣摩字的结构。久而久之，他的衣服都被手指划破了。王羲之曾在一水池边练习书法，久而久之，池水都被墨染黑了。

他精心钻研书法的体势，对古代书法进行革新变化，博采众家之长而熔于一炉，创造出了自己的妍美流丽的独特书体，在我国书法史上有"书圣"的美称。

"东厢坦腹"的故事

青年王羲之还以耿直坦诚著称。王府是名门望族，就连太傅郗鉴也想把女儿许配给王家子弟。有一天，他派遣一名门客给王羲之的父亲送去一封书信，说明此意。王父立即对来客说："你到东厢去任意挑选就是了。"门客到东厢一看，王府子弟众多，有的读书，有的舞文弄墨，一听说太傅派人来挑女婿，都矜持得毕恭毕敬，大气儿不敢出。唯有一个青年仰卧在床上，露出肚皮，好像没这回事儿一般。这位门客回去向郗太傅回报以后，想不到太傅点头笑道："就要这个在东厢露出肚皮的人了，他一定不是一般人物。"事后一打听，才知那人是王羲之。这就是著名的"东厢坦腹"的故事，后来就把"东床"作为女婿的代称。由此可见王羲之放荡不羁的性格。

大唐"诗仙"——李白
dà táng shī xiān lǐ bái

生于701年,死于762年。唐代著名诗人,号"青莲居士"。中国历史上伟大的浪漫主义诗人,被后人称为"诗仙"。

"铁杵磨针"的故事
tiě chǔ mó zhēn de gù shi

李白很小的时候,父亲让他到山上的学堂里去读书。在学校里,调皮的李白不好好用功,经常逃学,所以学习成绩很差。有一次,老师说了他一顿。他想反正我学习也不好,还不如早点离开这个倒霉

四川江油李白纪念馆

的地方！想着想着，他便挎起书包偷偷溜出了学堂。出了学堂的李白很高兴，觉得自己今天终于解放了，可以好好地玩一玩了。他一路小跑，顺着山路就下去了。

不一会儿，他就到了山脚下。山下有一条弯弯曲曲的小河，逃学的李白以前也经常到这里玩。他顺着小河向前走去，发现有一位头发花白的老奶奶蹲在河边的一块石头边，手里拿着一根铁棒"咔嚓咔嚓"地在石头上来回地磨着。李白觉得很奇怪，于是他就站在那里目不转睛地看了好半天。他想这位老奶奶磨一根粗粗的铁棒，做什么用呢？铁棒那么硬，怎么能磨？

于是，他很有礼貌地问道："老奶奶，你辛辛苦苦地磨这么粗的铁棒干什么？"老奶奶说："我要用它做绣花针啊！"说完，抬头看看眼前站着的这位少年。"做绣花针？"李白更觉得奇怪了，这么粗的铁棒，怎么能磨成细细的绣花针？即使能磨成，那要到什么时候啊！他对老奶奶说："若是磨不成，你可

就白费力气了！"老奶奶听了满有信心地对李白说："孩子，铁杵磨成针，功到自然成啊！"李白故意调皮地

李白"上阳台"手迹

说："那你今天能磨得成吗？"老奶奶回答说："今天磨不成，还有明天；明天磨不成，还有后天；后天磨不成，还有大后天……只要我不间断地天天来磨，总有一天是要磨成功的。只要有决心，世上的事什么都能成功。"老奶奶还对他说："只要功夫用到家，十年，二十年，三十年，天天不停地磨，铁杵虽然粗，总有一天会磨成针的。"

李白一听恍然大悟，他想：老奶奶的话有道理。这和读书一样，天下的好书很多，可是只要天天认真地读，十年，二十年，总有一天能把所有的书读完哪！老奶奶的话，就像一把重重的锤子猛击在李白的心上。他对照几天来自己的行动，扪心自省，感到辜负了父亲的期望。

从那以后，他又到私塾里去读书了。他决心用铁杆磨针的精神振奋自己，加倍努力勤学，再也不偷偷跑掉了。不论先生留下多少作业，他总是认真地按时完成。

除此之外，他还加紧读课外的书籍，终于把古代诸子百家的经书都读完了。

后来李白到戴天山中的大明寺去读书，写了一首《访戴天道士不遇》的诗，成为他早期的著名诗篇之一，当时他只有十几岁，可他的诗才、口才都已不同凡响。

李白一生写下了许多的诗篇，影响了一代又一代的中国人，后人把他称为"诗仙"。

精忠报国的名将——岳飞

生于1103年，死于1142年。相州汤阴(今河南安阳汤阴)人，我国南宋抗金名将。

拜师习武

岳飞1103年出生在北宋一个普通农民家庭。当时正赶上动荡的年代，农民的生活是很苦的。他出生那年，家乡就在闹春荒，而且黄河决堤，发起了洪水。幸亏岳母机智，抱着还是婴儿的小岳飞钻入一口大木缸，随波逐流，后来被人救起，才逃过一劫。

洪水夺去了岳家的田园，使他们生活更加贫困。岳飞很小就干起了农活，经受劳动的磨炼。岳飞从小聪慧，喜欢读书，白天劳动，晚上就点燃枯柴，发奋攻读一直到深夜。在如此艰苦的环境中，他竟读完了《孙子兵法》、《左传》等一些深奥的兵书和典籍。

jiān kǔ shēng huó de mó liàn shǐ yuè fēi xíng chéng le gāng yì pǔ sù de
艰苦生活的磨炼，使岳飞形成了刚毅、朴素的

xìng gé wèi tā yǐ hòu de zhèng zhì bào fù jūn shì zhǐ huī dǎ xià le jiān shí
性格，为他以后的政治抱负、军事指挥打下了坚实

de jī chǔ
的基础。

xiǎo yuè fēi zài dú hǎo shū de tóng shí yě cháng cháng xí wǔ liàn jiàn tā
小岳飞在读好书的同时，也常常习武练箭。他

lì qì hěn dà shí duō suì shí jiù néng lā kāi jīn de dà gōng tā hái bài
力气很大，十多岁时就能拉开300斤的大弓。他还拜

le dāng shí yì míng jiào zhōu tóng de rén dāng shī fu zhuān mén xiàng zhōu tóng xué xí
了当时一名叫周同的人当师傅，专门向周同学习

shè jiàn zhōu tóng wǔ yì fēi cháng gāo qiáng tā kàn jiàn xiǎo yuè fēi cōng ming qín fèn
射箭。周同武艺非常高强，他看见小岳飞聪明勤奋

hái zūn jìng rén zhōu wéi de rén dōu xǐ huan jiù hěn gāo xìng de miǎn fèi shōu le
还尊敬人，周围的人都喜欢，就很高兴地免费收了

xiǎo yuè fēi zuò tú dì yóu yú yuè fēi xùn liàn shí bú pà chī kǔ dūn mǎ bù
小岳飞做徒弟。由于岳飞训练时不怕吃苦，蹲马步

shí tóu shang dǐng yí gè xiǎo wǎn yí zhàn jiù shì bàn tiān cóng lái bù tōu lǎn
时头上顶一个小碗，一站就是半天，从来不偷懒，

suǒ yǐ wǔ yì zhǎng jìn de fēi cháng kuài hé tā yì qǐ xué xí de xiǎo péng you
所以武艺长进得非常快。和他一起学习的小朋友

qí guài tā wèi shén me bù tān wán tā rèn zhēn de shuō zhōu tóng yé ye jīng
奇怪他为什么不贪玩，他认真地说："周同爷爷经

cháng shuō liàn wǔ shù jiù xiàng gài fáng zi děi yí kuài zhuān yí kuài zhuān de gài
常说练武术就像盖房子，得一块砖一块砖地盖

shàng qù rú guǒ gài de bù láo zhè ge fáng zi jiù suí shí kě néng tā suǒ
上去，如果盖得不牢，这个房子就随时可能塌，所

yǐ kǔ liàn jī běn gōng yě shì wèi le jiāng lái néng gòu yǒu yì shēn guò yìng de běn
以苦练基本功，也是为了将来能够有一身过硬的本

lǐng a yé ye hái cháng shuō wǒ men zhǎng dà le yào ài zì jǐ de guó jiā
领啊。爷爷还常说，我们长大了要爱自己的国家，

yǒu yuǎn dà de lǐ xiǎng wèi zì jǐ wèi jiā rén wèi guó jiā zuò shì qíng suǒ yǐ
有远大的理想，为自己为家人为国家做事情，所以

wǒ men yào cóng xiǎo shì zuò qǐ zhè yàng cái néng shí xiàn zì jǐ de lǐ xiǎng
我们要从小事做起，这样才能实现自己的理想。"

jīng zhōng bào guó
精忠报国

1126年，金兵大举进犯，一度逼近宋都开封。金兵一路烧杀抢掠，给宋朝百姓带来沉重灾难。国难当头之际，岳飞决心参军，抗击敌人。临行前，深明大义的岳母颤抖着手紧握钢针，在岳飞宽阔的后背上刺了"精忠报国"四个字，以此支持儿子的爱国行动。背着"精忠报国"，带着母亲的叮咛，岳飞出发了，开始了长达15年的抗金生涯。

岳飞投入宋军后，奉命去收编一支流寇，有三百八十多人。岳飞选定一个深夜，出其不意只带领四名骑兵，直闯流寇营房，轻而易举收编了这支军队，它成了岳家军的基本骨干。岳飞率领数百骑兵，神出鬼没打击金人，常常以少胜多。

一天，岳飞率领一百多骑兵在滑县黄河岸边练习，大队金兵突然从冰冻的黄河对岸飞驰而来。岳飞临危不惧，对部下说："敌人虽然人数很多，但却

不知我军虚实，乘他们喘息未定，打他个措手不及。"说罢，他一马当先冲向敌阵，迎头刺死金兵一名军官，敌人大惊。宋军一百健儿乘势冲杀，把金军打得大败而逃，取得了以少胜多的辉煌战绩，获战马数百匹。岳

岳母刺字

飞英勇善战，英名渐渐远扬。

1130年，金将兀术大举渡江攻宋，势如破竹，宋军望风而逃。岳飞进兵常州，与兀术四战皆捷，金兵败走。岳飞紧追不舍，再度击败敌军于镇江东，又大捷于清水亭，敌人死伤无数。兀术逃奔建康（今南京），岳飞在牛头山设下埋伏大败兀术，兀术只好转逃淮西，岳飞收复建康，保全了南宋半壁江山。这时岳飞已拥有四万人的"岳家军"，成为威震

sì fāng de kàng jīn míng jiàng nián
四方的抗金名将，年

jǐn suì
仅27岁。

yuè jiā jūn zhī suǒ yǐ
"岳家军"之所以

chéng wéi yì zhī tiě jūn guān jiàn
成为一支铁军，关键

zài yú yuè fēi shàn yú zhì jūn
在于：岳飞善于治军，

yán yú zhì jūn qiáng diào jì lǜ
严于治军，强调纪律，

dòng sǐ bù chāi wū è sǐ bù
"冻死不拆屋，饿死不

lǔ lüè yīng yǒng shàn zhàn suǒ
掳掠"，英勇善战，所

xiàng wú dí zhì shǐ jīn jūn yì
向无敌，致使金军一

tīng dào yuè jiā jūn jiù wén fēng
听到"岳家军"就闻风

sàng dǎn
丧胆。

骑着战马的岳飞

nián sòng jūn dà jǔ běi fá yuè fēi qǔ dé gǒng zhōu yǐng chāng dà
1140年宋军大举北伐，岳飞取得拱州、颍昌大

jié jìn zhù yǎn chéng jūn wēi dà zhèn zài zhū xiān zhèn yuè jiā jūn yǔ jīn jūn
捷，进驻郾城，军威大振。在朱仙镇，岳家军与金军

zhǎn kāi yì cháng dà zhàn suī rán wù zhú yòng shàng le xīn shì wǔ qì guǎi zi
展开一场大战。虽然兀术用上了新式武器"拐子

mǎ hé tiě fú tuó dàn zhōng jiū méi yǒu dǐ dǎng zhù yuè jiā jūn de téng pái
马"和"铁浮坨"，但终究没有抵挡住岳家军的藤牌

dāo hé dà fǔ dà bài ér táo jīn jūn zhǔ jiàng wù zhú dà kū dào zì wǒ
刀和大斧，大败而逃。金军主将兀术大哭道："自我

qǐ bīng běi fāng yǐ lái cóng lái méi yǒu xiàng jīn tiān zhè yàng shī bài guò wù
起兵北方以来，从来没有像今天这样失败过！"兀

zhú tuì shǒu kāi fēng bù gǎn chū chéng jīn rén dòu zhì quán wú āi tàn hàn shān
术退守开封不敢出城，金人斗志全无，哀叹："撼山

杭州岳王庙

易，撼岳家军难！"岳飞满怀豪情对将士说："直捣黄龙府，与诸君痛饮！"然而，宋高宗和秦桧却把岳飞的胜利作为向金人乞和的资本，一日连发十二道金牌召回岳飞。岳飞迫不得已带回军队，仰天长叹："十年的努力，毁于一旦！"这次班师不仅使岳飞"精忠报国"、"收拾旧山河"的理想化为泡影，而且遭到厄运。金人恨透岳飞，勾结秦桧，要挟宋朝以杀害岳飞为议和条件。宋高宗明升暗降，调岳飞为枢密副使，解除兵权，接着以"莫须有"罪名杀害岳飞及其子岳云、部将张宪等。1142年12月29日，岳飞被押上临安大理寺的风波亭。临终前，执法官要他在供状上画押，岳飞从容提起笔，写下了八个大字："天日昭昭，天日昭昭！"随后接过递来的毒酒，大笑数声，一饮而尽，从容就义，年仅39岁。一代爱国名将，人间英杰，就这样陨落了。

风波亭岳飞遇难处

一代天骄——成吉思汗

生于1162年，死于1227年。名铁木真，蒙古开国君主。他统率蒙古军向北、向南和向西的征伐，震动了欧亚大陆，使他的名字家喻户晓。被后世誉为"一代天骄"。

勇敢的小铁木真

成吉思汗有一个苦难的童年，他父亲也速该本是蒙古尼伦部（主要包括泰赤乌部和乞颜部）共同的首领，被塔塔儿人毒死后，尼伦部的泰赤乌人掌握了大权。泰赤乌人迁营抛弃了铁木真母子一家，连乞颜部的贵族、百姓甚至铁木真家的奴仆都离开了他们，没给他们留下一只牲畜。那时铁木真才八岁。

失去了畜群，也就失去了游牧人赖以生存的基础。但铁木真的母亲并没有泄气，带着儿女们奔波于鄂嫩河上下两岸，采野果，挖野菜，竟奇迹般地活了下来。

铁木真目睹了家庭的苦难，心智早熟了，他没有像其他孩子那样过着五彩般的童年生活，而是主动承担了家务，带领弟弟们到河里钓鱼，在草原上弯弓射雕，为母亲减轻了很多负担。

泰赤乌部首领担心铁木真长大后报仇，带人去捕捉他。为了躲避捕捉，铁木真逃进山林，后来忍受不住饥饿，下山寻找食物，被俘虏了。铁木真被套

成吉思汗的马鞍

上木枷，到处示众。黑夜时，铁木真用木枷打倒看守，机敏地逃走了。几经周折，终于回到家中。后来，泰赤乌部的贼人偷走了铁木真家的马匹，铁木真不顾日落天黑，上马追击敌人，一直追踪6天，终于追上了贼人，夺回了失马。

就这样，铁木真在苦难中不断成长，变得更加坚强，也更加睿智了。而这种坚强和睿智，使他在后来震撼了整个世界。

铁木真威震亚欧

铁木真18岁时同另一部落的美丽姑娘孛儿帖成亲。两人相亲相爱，共度患难，感情很深。但不久，蔑儿乞人抢走了孛儿帖。铁木真发誓要夺回爱妻，便联合了王罕和札木合在1180年的一个夜里，联军突袭蔑儿乞部，打败了蔑儿乞人，夺回了孛儿帖，同时也壮大了自己的力量。

27岁的铁木真被部众拥戴为大汗，这引起嫉妒心很强的盟友札木合的反目，并以兵戎相向。札木合纠集了十三部30万兵力出击，铁木真也以3万兵力分十三翼迎战。蒙古史上这个著名的"十三翼之战"虽以铁木真的失败告终，但由于札木合生性残暴，残酷地杀戮战俘，反而引起许多部属的不满，甚至倒戈（在战争中投降敌人，反过来打自己人）投奔铁木真，因此在实力上铁木真反而更强大了。

1196年，铁木真家族的宿敌塔塔儿部反抗金朝，兵败逃窜，铁木真和克烈部应金朝大军统领完颜襄丞相之约，合力阻击塔塔儿部，捕杀其首领，虏获大批人畜财物。大功告成后，完颜襄授予铁木真以"札兀惕忽里"(意为百夫长，或指招讨使)的称号。铁木真既复了仇，又提高了威望。从此，铁木真的部属成为蒙古草原上一支强大力量。随后，他与父亲的生前好友、另一部落首领图格勒结盟。历经多年部落战争之后，铁木真终于找到了登上人生顶峰之路。

成吉思汗陵前的雕塑

铁木真凭借其超群的军事、外交、组织才能，以及其冷酷的性格，成功地把各处部落置于自己的领导之下。

成吉思汗陵

1206 年召开的蒙古族将领会议上，铁木真被推选为"成吉思汗"，意为"全天下之皇帝"。

成吉思汗一生金戈铁马，横扫欧亚，他的军事指挥艺术和谋略思想，不仅在蒙古史上是绝无仅有的，就是在世界战争史上也是罕见的。

成吉思汗将草原上落后、分裂的蒙古族融为一体，并成功地建立了地跨欧亚两大洲的大帝国，重开了"丝绸之路"，推进了东西方以及阿拉伯各国之间的经济、文化交流。

牧童画家——王冕
mù tóng huà jiā — wáng miǎn

生于 1310 年，死于 1359 年。字元章，是元代著名花鸟画家、诗人。

父亲错怪了他
fù qīn cuò guài le tā

王冕出生于现在的浙江诸暨一个农家。家庭生活贫寒，家中没有土地，靠父亲做木工赚钱过活。

王冕七八岁时，因为家里贫穷不能供他读书，父亲叫他在田埂上放牛，帮助补贴家用。一天王冕从学堂路过，被里面的琅琅读书声所吸引，就把牛拴住，偷偷趴在窗子外面听老师讲课，直到放学了才恋恋不舍地离开。从此以后王冕天天把牛拴在山坡上，在学堂外面听课。听完了课，他就用树枝在地上练习学过的字，就这样，聪明而勤奋的他认识了不少字，还能背诵好多文章。但他怕父亲会责备他，一直不敢告诉家里。

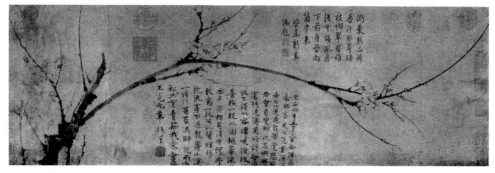

王冕《墨梅图》

此图梅枝横斜而出，枝条简疏。枝节交叉处梅花竟相吐蕊开放，表现了王冕野梅的清绝韵致。图上自题长跋，叙述至正六年(1346年)，他与友人郑文中、释隐云游历浙江金华龙寿觉慈寺，受到贞叟师设茗款待，特写墨梅以赠的经过，并赋诗以记。

一天，他听完课后发现牛不见了，只有一截断了的缰绳扔在地上。他赶紧四处找，但到了天黑才找见了牛。回到家，父亲认为他贪玩，责骂了他一顿。谁知，第二天邻居找上门来，说王冕家的牛吃了他家的麦苗，父亲要打王冕，王冕争辩说："我不是贪玩，是为了听先生讲书。"父亲不信，王冕就给父亲背书听。父亲看着背得头头是道的儿子，很心痛，摸着他的头说："好孩子，父亲错怪你了。"

庙中苦读

因为王冕喜欢读书，所以父母亲商量，给王

冕找个空闲时间多点的工作，好让王冕有时间学习。

一天，父亲告诉王冕："庙里需要一个打杂的小孩，你可以去，能有点收入也有时间读书，但就是要离开家里，你愿意吗？"王冕虽然很不愿意和父母分开，但想到能读书，就狠狠心答应了。来到庙里，王冕很勤快，老和尚很喜欢这个聪明伶俐的小孩，除去工钱外还给他一些小钱，王冕把这些钱都攒起来买书。一到夜里，他就悄悄地走出来，坐在佛像的膝盖上，手里拿着书就着佛像前长明灯的灯光诵读，有时甚至一直读到天亮。

一天夜里，王冕正在读书，忽然狂风大作，他觉得很冷，就起身跺跺脚取暖。偶然一抬头，忽然天上打了个闪电，他看见在灯火摇曳中一个个佛像面目狰狞，张口扑来。王冕终究是小孩，吓得头皮发麻，转身就跑。但跑到门外才想起心爱的书还在里面，于是就壮着胆去拾。这次他看见佛像面目如初，于是对着那些泥人挥挥拳说道："你们都是泥做

的，我不怕你们！"说着翻身坐到佛腿上继续读书。

时间过得很快，一晃几年就过去了。就是这样刻苦、想方设法地学习，使得王冕认识了许多的字，关于画画他也多少懂了一些。

自学成画家

有一年的夏天，正在湖边放牛的王冕，因为天热，口渴得透不过气来。这时，天气骤变，乌云突起，狂风大作，电闪雷鸣，哗啦啦下起了大暴雨。王冕来不及躲避，浑身浇得湿透变成了落汤鸡。他刚才还热得要命，这下被雨淋得湿淋淋的，冷得发抖。老天的脸说变就变，一下又雨过天晴，云开雾散，太阳又露出了笑脸。

刹那间，王冕被雨过天晴的景色迷住了。太阳拨开云缝露出了笑脸，照得满天满地红彤彤一片，那些没有散去的乌云被太阳照得有的青、有的红、有的紫，五彩斑斓；湖边的柳树被雨洗过翠绿翠绿

de lǜ de jīng yíng tòu míng hú li de hé huā
的，绿得晶莹透明；湖里的荷花

fěn hóng fěn hóng de huā shang gǔn dòng de yǔ zhū
粉红粉红的，花上滚动的雨珠

shǎn shǎn fā guāng hú miàn shang de yā qún zi
闪闪发光；湖面上的鸭群自

yóu zì zài de yóu zhe bù shí fā chū gā
由自在地游着，不时发出"呷

gā de jiào shēng duō měi de yì fú huà ya
呷"的叫声。多美的一幅画呀！

miàn duì zhe zhè me měi miào de jǐng sè
面对着这么美妙的景色，

wáng miǎn xīn li xiǎng yào shì wǒ néng bǎ tā miáo
王冕心里想：要是我能把它描

huì xià lái nà gāi yǒu duō hǎo wa zhǐ kě
绘下来，那该有多好哇！只可

xī zì jǐ hái méi yǒu huà zhè yàng měi jǐng de
惜，自己还没有画这样美景的

běn lǐng ne
本领呢。

yú shì cóng nà tiān qǐ wáng miǎn xià jué
于是从那天起，王冕下决

xīn xué huà huà jiù cóng huà zhè hú li de hé
心学画画，就从画这湖里的荷

huā kāi shǐ dì èr tiān tā jiù kāi shǐ huà
花开始。第二天，他就开始画

le méi yǒu bǐ jiù ná shù zhī dàng bǐ yòng
了。没有笔，就拿树枝当笔，用

dì zuò zhǐ miàn duì zhe hú li de hé huā zài
地做纸，面对着湖里的荷花，在

dì shang huà huà de hé yè gāi yuán de huà
地上画，画的荷叶，该圆的画

bù yuán gāi zhí de huà bù zhí zǒng yě huà bú
不圆，该直的画不直，总也画不

王冕《南枝春早图》

　　此幅墨梅老干新枝，昂扬向上、豪放不羁，尽显梅花的劲峭冷香、丰韵傲骨。此图中枝繁花茂，但繁而不乱，疏密有绪，圈花点蕊，别出新意，显示了枝干劲俊、千花万蕊、天真烂漫、生机盎然的艺术效果。

xiàng tā jiù yòng jiǎo huǐ diào
像。他就用脚毁掉

dàn shì tā yì diǎn yě bù huī xīn zài huà bù
但是他一点也不灰心，再画；不

xíng zài huǐ zài huà yí biàn liǎng biàn bā
行再毁，再画；一遍、两遍……八

biàn shí biàn yì tiān liǎng tiān yí gè yuè
遍、十遍；一天、两天……一个月、

liǎng gè yuè cóng bú xiàng dào xiàng zhōng yú néng huà
两个月，从不像到像，终于能画

chū yì zhī hé huā le tā gāo xìng de bù dé liǎo
出一枝荷花了。他高兴得不得了。

yú shì wáng miǎn bǎ mǔ qīn hú chuāng hu shèng
于是，王冕把母亲糊窗户剩

xià de zhǐ ná lái hé tóng xué jiè le jǐ zhī bú yòng
下的纸拿来，和同学借了几支不用

de tū bǐ bān le yì zhāng dèng zi bǎ zhǐ pū zài
的秃笔，搬了一张凳子。把纸铺在

dèng zi shang miàn duì zhe hú zhōng de hé huā zhēn de
凳子上，面对着湖中的荷花真的

huà le qǐ lái yīn wèi tā yǐ jīng yǒu le zài dì
画了起来。因为他已经有了在地

shang huà huà liàn xià de gōng fu le hěn kuài jiù huà
上画画练下的功夫了，很快就画

chū le yì fú huà zì jǐ kàn kan hái hěn mǎn yì
出了一幅画。自己看看还很满意，

xìng zhì shàng lái le yì fú jiē yì fú de huà ya
兴致上来了，一幅接一幅地画呀

huà huà gè bù tíng zhè shí guò lù de rén dōu tíng
画，画个不停。这时过路的人都停

xià lái kàn bù yí huì er jiù wéi le yì dà qún rén dà jiā dōu kuā tā huà
下来看，不一会儿就围了一大群人。大家都夸他画

de hǎo
得好。

hòu lái yí gè chuán liǎ liǎ chuán sā zhōu wéi cūn zi de rén dōu zhī dào
后来一个传俩，俩传仨，周围村子的人都知道

wáng miǎn huà hé huā de shì le
王冕画荷花的事了。

zhè yàng yì lái yuǎn yuǎn jìn jìn de rén dōu zhī dào zhū jì chū le gè huà
这样一来，远远近近的人都知道诸暨出了个画

王冕《墨梅图》

此图梅枝倒挂，枝条生长茂盛，伸展交错，呈四出之势。枝头缀满花朵，或含苞欲放，或初绽花蕾，或盛开怒放，或残美点点，正侧偃仰，千姿百态。

荷花图的能工巧匠。那么买画的人就多了。王冕把卖荷花图的钱一部分用来贴补家用；一部分买纸、笔、颜料。从此，他画画就更认真了。

王冕画画是从画荷花入手的，可实际上，他是非常喜欢梅花的。他喜欢梅花不畏严寒，喜欢梅花香自苦寒来，喜欢它不惧严寒傲视霜雪，开在百花之先的精神。后来，他画得最多的还是梅花，尤其是画墨梅，并以画梅驰名于画坛。他画的墨梅具有独特的风格，花密枝繁，墨色的浓淡相宜、花束疏密相间得当、栩栩如生、生机勃勃、遒劲挺拔，极具特色。

王冕还创立了在绘画史上影响深远的"墨梅流派"。

全才的艺术巨匠——达·芬奇

生于 1452 年，死于 1519 年。意大利文艺复兴全盛时期著名的艺术家、自然科学家和工程师。

达·芬奇画鸡蛋

1452 年，达·芬奇出生于意大利佛罗伦萨市郊的芬奇镇。他的母亲死得很早，由祖父抚养长大。他从小就聪明过人，十分惹人喜爱。在学校里，他学习刻苦，各门功课的成绩都很优异，但他最喜欢的是绘画，家里和学校的木板上，到处都有他画的彩蝶、蝙蝠等小动物。

他的父亲是当地的公证人，原来希望儿子能学习法律，将来成为一名律师，但发现达·芬奇有绘画才能后，父亲便改变了主意，让儿子学习艺术。父亲把儿子的画拿给当时著名的画家、雕塑家维罗基奥看，维罗基奥看了十分喜欢，并决定收下达·芬奇做学生。

维罗基奥对学生要求十分严格，达·芬奇来到画室上的第一节课是学画鸡蛋，而且每天都要画。达·芬奇画了一段时间就开始厌烦了，问："老师我画了这么多蛋，应该可以了吧？"老师耐心地对他说："孩子，练习画蛋是练习你的基本功，要知道世上没有完全一样的蛋，如果你把这些蛋能画到随心所欲的地步也就可以了，可是我看你画的这些蛋怎么就没有我想象中的那样好？你得再来，一直要画到随心所欲的地步才行。"老师的一席话，使达·芬奇茅塞顿开。他从此安下心来刻苦练习画蛋。他进步很快，几年后，绘画水平就远远超过了他的老师。

有一次，维罗基奥画了一幅《基督受洗图》，他自己很满意，便叫达·芬奇在这幅画上再画个小天使。达·芬奇很快便画好了两个天真烂漫、纯洁可爱的天使，拿来让老师选用。维罗基奥看后心里暗暗吃惊，这两个天使同自己画的比较呆板的人物形象形成了鲜明的对比。这使他既高兴又惭愧，从此搁笔

bú zài huà huà　zhuān mén cóng shì diāo kè gōng zuò
不再画画，专门从事雕刻工作。

达·芬奇和他的名画

1480年，达·芬奇以优异的学习成绩结束了学徒生活，开始了独立的创作活动。

他视野开阔，思想敏锐，站在当时进步艺术家的最前列。他创作了一系列以《圣经》故事为题材的作品，包括《岩间圣母》、《圣安娜》等名作。《圣安娜》展出时，在佛罗伦萨市引起了巨大的轰动，人们像过节一样怀着兴奋的心情前往参观。直到展览闭幕那天，参观的人群仍络绎不绝。从此，达·芬奇成了意大利人民熟悉和热爱的画家。

1482年，达·芬奇开始创作《最后的晚餐》。经过一段时间的精心酝酿，他抓住了耶稣、12个门徒的心理，在作品中十分巧妙地将叛徒与其他人区分开来，这种高超的手法使人不禁为之拍案叫绝。

从1503年到1506年，经过3年的勤奋创作，他

达·芬奇《最后的晚餐》

终于完成了世界著名的人物肖像画《蒙娜丽莎》。

《蒙娜丽莎》画的是一位温柔端庄的少妇，她的脸上流露出一丝浅浅的笑意，这种发自内心的微笑，所产生的是千年不衰的永恒的艺术魅力，感染和打动了一代又一代人。据说，达·芬奇在描绘这种微笑时，是从微波荡漾的湖水中受到启发的。他在作画时，特地请来乐师和喜剧演员为模特奏乐、歌唱，想使她保持愉快的心情，让她脸上总是含着笑意。达·芬奇的目的终于达到了，《蒙娜丽莎》成为世界美术史上最卓越的人物肖像画之一。

达·芬奇《蒙娜丽莎》

fēng liú cái zǐ　　táng bó hǔ
风流才子——唐伯虎

生于 1470 年,死于 1525 年。我国明朝著名书画家,名寅,号六如居士。因其诗、书、画样样一流,且个性豪爽开朗,有"江南第一风流才子"之称。

táng bó hǔ xué yì
唐伯虎学艺

唐伯虎于1470年出生在江苏吴县。他天资聪颖,过目不忘。他六岁时开始上学,虽然攻读经书,但他更喜欢文学和绘画。到七八岁的时候,他不但能出口吟诗,提笔成文,而且作画也已是得心应手,尤其擅长画人物像。唐伯虎兴趣广泛,学习成绩却总能名列前茅,因此,先生对他的其他爱好从不过多干预。

唐伯虎9岁那年,先生认为他才华出众,推荐他参加乡里的童子试。但不知是何原因,唐伯虎从这个时期起,便对功名不感兴趣,拒绝参加,而去拜当时的著名画家周臣为师,专学绘画。两年后,唐伯虎无论是画山水、人物,还是画竹子和山石,都达到了炉火纯青的地步。特别是在画人物方面，连他的老师周臣自己也说，唐伯虎已经超过了师父。

唐伯虎《孟蜀宫妓图轴》

唐伯虎回到家中，不少人登门求画，而他则是来者不拒，有求必应，不收报酬，只是当作练笔。可是，时间一久，他感到画人物得心应手，而画山水总有些蹩脚。后来，他听说长州人沈周以绘画著称，特别擅长画山水花卉，便禀明母亲，要去二次拜师。母亲见儿子如此虚心好学，精益求精，心中十分高兴，便同意他前往，并给了些钱，整理了行装，送他上路。沈周见唐伯虎长得眉清目秀，又看了他的一些作品，感到他在绘画方面功底很是深厚，又如此虚心好学，便高兴地收下了他。

沈周以书画著称，尤其擅长画山水花卉。他的画精妙传神，堪称当代绘画第一人。唐伯虎二次拜

师，拜在这样一位大画家门下，学习自然更加刻苦勤奋，掌握绘画技艺很快，不到一年的时间，他的绘画便上了一个新的台阶，深受沈周称赞。

唐伯虎戏奸商

唐伯虎不但聪明，而且为人正直，有这样一个有趣的故事：大概在唐伯虎十三岁那年，本乡有一个商人来找他画像，并且对他说："你如果画得像我，我就给你十两银子。"唐伯虎故意说："我平时为人画像，本来是每张像要收二十两银子的，因为你是本乡人，十两就十两吧，但是我们有言在先，如再少分文，我便不给你画。"那商人道："好，那就一言为定。"

其实，别看唐伯虎年纪小，却有副侠义心肠，爱打抱不平。今日所以与这位商人讨价还价，是因为这个商人是个有名的奸商。唐伯虎深知其品行，有意借画像之机整治他一下，为老百姓出口气。

两天后，那个商人前来拿画像。唐伯虎把画像拿出来给他看时，那商人左看右看，看了半天，对唐伯虎说："怎么越看越不像我呢？这样吧，我给你五两银子，像我拿走，你看怎么样？"唐伯虎早就料到他会有耍赖这一招，于是立即把画像卷了起来，对他说："我早已有言在先，十两银子分文不能再少，既然你觉得我画得不像你，就去另找高明吧！"随后，便把画收起来。那富商一见，也不好意思再改口，只好故作悻悻的样子走了。

第二天，唐伯虎索性又加了几笔，把这张画像拿到集市上拍卖，标价是二十两银子。由于唐伯虎把这张画改了，使那画像变得贼头鼠目，脖子上还套着铁链子，俨然是一副被官府捉住了的小偷模样，丑态百出，引来不少百姓在这幅画像前指手画脚，说三道四。

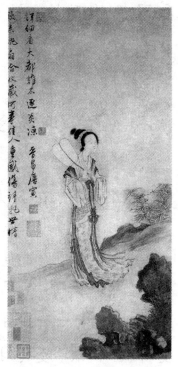

唐伯虎《秋风纨扇图轴》

恰在这时，那个富商走了过来，一看，竟是自己的画像被丑化得不像样子，不由得恼羞成怒地说："你为什么把我画成这个样子？"唐伯虎不慌不忙地说："你不是说这不是你的画像吗？既然不是你的画像，你又为何前来干预？"观众中也有不少人窃窃私语说："像他，像他，像极了！"那商人听了，越发感到无地自容，他怕引来更多围观的人，便急忙扔下二十两银子，卷起画像，灰溜溜地走了。唐伯虎和围观的百姓，望着那商人远去的背影，都哈哈大笑起来。

科场受挫而成绘画奇才

1498年，在好友祝枝山的劝说下，唐伯虎去应试科举，结果中了乡试第一名。第二年，与徐经同去京城会试。徐经买通主考程敏政的家童而得到试题。事情泄露后，程敏政、徐经遭人弹劾，唐伯虎受牵连下狱，受尽折磨。事情弄清楚之后，虽仍让他做了官，但是却有看不起他的意思。唐伯虎感到屈辱、羞耻，愤而拒不就职，宁愿饮酒作画，流连于市井里巷，山溪楼阁，甘心过着贫困而自由的生活。

"科场舞弊案"令唐伯虎从此寄情山水，性格大变，而这种转变，才使得他在绘画上独树一帜，取得了很大的成就。他的山水画多表现雄伟险峻的生活。画中，他糅合了北方和南方山水画派的风格，使之产生了新体貌，给人以刚柔相济的美感。唐伯虎风流多情，因而仕女画在他的画中就占了很大的比例。这些仕女画大多清俊潇洒，幽冷丽绝，工整秀美，表现了画家对现实的不满，对美好生活的追求。唐伯虎的花鸟画也卓尔不凡，喜欢水墨写意，飘逸洒脱，富有生气。唐伯虎的画往往配以优美的诗文和飘逸的书法，相映成趣，增添了画的美感。他还将绘画的经验心得和历来的理论归于一起，编成《画谱》一书，对我国绘画艺术理论总结做了很大贡献。

唐伯虎工诗善画，生活上却是家徒四壁，山

qióng shuǐ jìn tā zhǐ néng yǐ mài huà dù rì yǒu
穷水尽。他只能以卖画度日。有

le qián tā jiù yǐn jiǔ dà zuì yì chǎng huò zhě
了钱，他就饮酒大醉一场，或者

hū péng huàn yǒu sì chù yóu wán huā gè jīng
呼朋唤友四处游玩，花个精

guāng tǎng ruò pèng shàng tiān bú zuò měi guā fēng
光。倘若碰上天不作美，刮风

xià yǔ huà mài bù chū qù tā jiù zhèng bú dào
下雨，画卖不出去他就挣不到

qián méi yǒu qián tā biàn rěn jī ái è yǒu
钱。没有钱，他便忍饥挨饿，有

shí shèn zhì sān tiān dōu shēng bù qǐ huǒ zài rú
时，甚至三天都生不起火。在如

cǐ jiān xīn de suì yuè li táng bó hǔ shǐ zhōng
此艰辛的岁月里，唐伯虎始终

bǎo chí zhe jīng shén shàng de yú yuè tā shuō
保持着精神上的愉悦，他说："

fù fēi suǒ wàng bù yōu jí sān rì wú yān bù
富非所望不忧急，三日无烟不

jué jī
觉饥。"

唐伯虎《牡丹仕女图》

一生心血修本草——李时珍

生于1518年，死于1593年。我国明朝时期卓越的药物学家，也是当时世界上最伟大的科学家之一。

爱问问题的小时珍

公元1518年，蕲州（今湖北蕲春）中医李言闻家里，一个小男孩出生了，他就是李时珍。

李言闻是当地有名的中医。左邻右舍一有不舒服的，就来找他看病，每次都是药到病除。他在自家的后院种植了很多种草药。除了给人看病以外，他就侍弄这些草药，一会儿浇水，一会儿锄草，一会儿施肥。

李时珍从懂事起，就对帮助父亲给中草药松土、锄草很感兴趣。他每次来到这个小药园，总是问这问那："父亲，这是什么花呀？"父亲会耐心地回答："这叫单叶红牡丹，它的根和皮都能入药。"于是小时珍就会接着问："那这药能治什么病啊？"父亲

告诉他:"这药能治风寒,能止疼痛;肠胃炽热、心气不足也能治。"小时珍还会刨根问底:"什么叫心气不足啊?""你现在还小,过几年再学吧!"这个小家伙总是不依不饶地问个没完没了的,还说:"我就要问,我偏要问!"父亲总是乐呵呵地说:"好好好,我告诉你……"

他缠住父亲不放,父亲只好把一些具有药用价值的花、草的名字、药性、用途一一讲给他听。你可不要小瞧这个小家伙,他听得还很认真呢!就这样,今天讲几样,明天讲几样,日子一天一天地过去,后院小园子里的花啊草的,也就基本上讲完了。

随着时间的流逝,小时珍一天天地长大,他8岁了。后院小药园的草药都已经让他认完了,每种草药他都记得很熟。他对此很不满足。父亲只好带着他上山采药。山上的学问可是大得很哪!漫山遍野一眼望不到边,到处都是野生的药材,还有天上飞的昆虫、到处跑的野兽,这可使小时珍大开了眼界。他看到父亲采草药时,每次采了,都要放在嘴里嚼一嚼，尝一尝，就好奇地问："父亲，你为什么采了草药，都要放到嘴里尝一尝呢？"父亲说："放到嘴里嚼一嚼，尝一尝，就知道是什么味道。我们的祖先们，采草药都是这样的。只有用嘴品尝才能知道药力、药味和疗效。我们的先人们就是这样亲自品尝以后，才写出《本草经》这本医书的！等你长大后，你可以好好地读一读这本《本草经》！"

在山上，他们总是一边走，一边看，一边讲，碰到什么，就讲什么。有一次，他们看到一条蛇，吓得小时珍直叫："哎呀！不得了，蛇！"父亲一把抱住他，

《李时珍采药图》

告诉他："这叫蕲蛇，是极毒的，人一旦被它咬到，抢救慢了，就要丧命的！但是蛇胆、毒液和它的皮都是治病的良药呢！"小时珍追根究底："人如果被这蛇咬了可怎么办呀？"只见父亲低头找呀找，忽然眼睛一亮，他采了几棵小草，对小时珍说："你看，这是半边莲，这是鬼针草，这是天南星草，这几种草药都是能治蛇伤的！"

每一次，父亲讲解以后，小时珍都牢牢地记在心里。他的记性特别好，每隔一段时间，父亲再问他以前讲过的草药知识，他都能一字不差地回答出来。就这样，一天又一天，一月又一月，一年又一年……时间久了，李时珍在父亲的指点下，已经能辨别各种药草、动物，并说出它们的药用价值了。

拜师学艺

有一天，李时珍在水码头行医时，一个四川商人请他看病。李时珍仔细诊断后，觉得这个人得了绝症，但不好直说，就给他开药，让他赶紧回家，估计不会死在半路上。

大约一年以后，李时珍在蕲州街上行医时又看见了那个四川商人，很是吃惊。他原以为此人活不长的。四川商人也认出了李时珍，连忙行礼问候。李时珍看这位四川商人满面红光，毫无病色，就问道："你的病全好了？"四川商人答道："全好了！这次来，就是特意向你表示感谢的。"李时珍又问道："你是请哪里的医生治的？怎么给你治的？"四川商人笑道："吃的就是你开的药，只不过我们那里有一个被人称为赛华佗的医生，在你的药方上加大了药量，吃了一个多月就好了！"

李时珍听了四川商人的诉说，就跟家人商量，要去寻找赛华佗求教。父亲李言闻很赞成他这种求师若渴的行为。于是，李时珍打点了行李，不远千里来到夷陵州（今湖北宜昌），千方百计打听到了赛华佗。

当地的人都说赛华佗的医术很高明，但是他脾

气倔强、孤傲，不容易接近。李时珍琢磨半天，觉得自己必须诚心请教，耐心勤快。

李时珍来到了赛华佗的诊室，看到病人格外的多，赛华佗忙个不停。

李时珍不声不响地站在旁边仔细观察赛华佗怎样为病人诊病，从问诊、摸脉到诊断、开药，看得非常仔细，还一一记在本子上。李时珍看到赛华佗非常忙累，就主动地研墨展纸、擦桌椅、扫地、斟茶倒水，帮助来求医问药的病人。时间长了，赛华佗有点纳闷，这个年轻人为什么这么勤快，也是来看病的么？

赛华佗开口问李时珍了："年轻人，你天天到这里来，是要看病么？"

李时珍深深鞠了一躬，回答说："老先生！我不是来看病的，是有一件事求您。"

"有什么事你说吧！"

"我想在您这儿打工。"

"打工？我不需要。"老先生直摆手让李时珍走。原来，赛华佗不久前曾雇佣过一个年轻人，可是这人又馋又懒，还偷走老先生的钱。

李时珍央求老先生说："您就一个人，又忙着看病，顾不上吃饭、喝水。我愿意尽力帮助您：扫地做饭、收拾屋子，我都能干，只要给我一口饭吃，不要工钱。"

老先生说："你白给我帮工，家里人吃什么呢？"

"我一人吃饱了，全家不饿。"

"原来你也是一个人？除了帮工，你还有什么打算？"

李时珍如实地说了自己的想法："听说您医术高超，我想在干活之余，跟您学点医道，我想，一个人活在世上，总得学点本事。"

老先生说："我才疏学浅，跟我有什么学的？再说，我一天忙到晚，哪有空教你啊？"

李时珍说："不用您专门教我，您看病时让我在一旁多看看就行了。"

"可是，学医很苦啊，你不怕么？"

"不怕，再苦再难，我都不怕。"

从那天起，李时珍就开始一边照料老人的生活起居，早起晚睡；一边跟老先生学医，有空的时候，还认真阅读老先生家里的医药书籍。

老先生非常喜欢李时珍，觉得他不仅勤快能吃苦，还勤学好问，忙不过来时，就让李时珍站在旁边帮助开处方。

有一天，一个身患重病的人来就诊。只见病人面如黄土，颧骨突起，肚子鼓鼓的，病得很厉害。李时珍一边仔细观察老先生怎么诊治，一边自己思考应该用什么药。他想，必须用"砒石"作主药，但不能用量过多，因为砒石经过火炙煅炼就是砒霜，毒性很大。可是，赛华佗开的方子里，砒石的用量是李时珍所想的10倍。李时珍也不便说什么，他想，老先生一定能掌握用量，就按老先生的口授给病人开了方子。老先生又让他留下病人，并照顾病人，以便随时观察。

李时珍把药煎好，帮助病人吃下。过了大约一炷香的功夫，病人肚子疼得直打滚。李时珍担心用药量过大，赶紧去找老先生。老先生镇定地说："不要慌，赶紧给他准备便桶、尿盆，他要大吐大泻了。"

果然，病人又吐又泻，身子一歪不省人事了。老先生给病人扎了几针，病人慢慢苏醒了过来。老先生又让李时珍给病人熬了糯米粥。

病人好了，李时珍问老先生："砒霜毒性很大，您为什么用那么大量？"

老先生耐心地解释说："砒霜是有毒，但是也可以治病。我开那么大的量就是让他大吐大泻，不然，量小了不管用。"

李时珍明白了药有利和弊两方面的作用，用量要根据病情掌握。从此，老先生让李时珍独自坐堂行

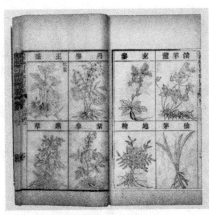

李时珍《本草纲目》书影

医了。

李时珍来了半年多了，老先生一直想与他谈一谈，因为忙没有顾上。有一天，老先生准备了茶点，和李时珍谈了起来。他问李时珍："你在来我这里之前，是不是已经懂得医术了?"

李时珍不好意思地对赛华佗说了实话："老师，真对不起您，我骗了您。我不是本地人，我是蕲州人……"

"蕲州人?蕲州有一个叫李言闻的医生，挺有名的，他写的书很有用，你回去可以多向他请教。"

李时珍站起来，对老先生说道："实不相瞒，李言闻是我的父亲，我从小就随父学医了。"

赛华佗听了，惊喜地

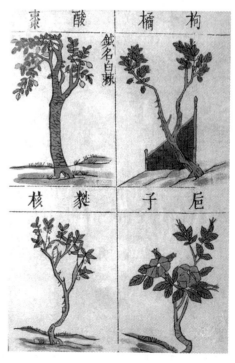

李时珍《本草纲目》上绘制的药用植物

说:"原来如此。看你个头不高,心眼还不少。"

师徒俩人越谈越高兴,已经鸡叫三遍了。老先生嘱咐李时珍说:"时珍啊!学医就得刻苦钻研,虚心求教,才能作出一番事业。"

李时珍也激动地说:"师傅的教诲我一定永记在心里,努力发奋,做一个真正为劳苦大众解除疾苦的医生。"

李时珍学完后,拜别赛华佗师傅回到家里,他时刻谨记对师父说的话,更加用心地学医了。

呕心沥血著《本草纲目》

李时珍在医疗实践中,对历代医药书籍,如《神农本草经》、《本草经集注》、《唐本草》、《开宝本草》等进行了广泛阅读研究。他发现旧"本草"非但不完善,甚至有很多错误,便立志要把旧的药书加以整理补充,写出一部分类更加详细的药物学著作。

从1552年起,李时珍开始写《本草纲目》,共经

历了27年的时间，这段时间，李时珍可以说是"行万里路，读万卷书"，呕心沥血，历尽千辛万苦，最终在1578年写成了《本草纲目》一书。

《本草纲目》刊行后，立即受到了人们的欢迎，风靡全国，人人争相传阅。随着中外文化的交流，《本草纲目》深受世界各国的重视。西方人称之为东方医学的巨著。李时珍为中国及世界文明所做的贡献，同《本草纲目》一起永远载入了史册。

李时珍墓

改变世界的科学家——伽利略

生于 1564 年，死于 1642 年。意大利天文学家、物理学家。研究成果从力学到运动学到光学以及整个宇宙体系，开创了具有严密逻辑体系的近代科学。

爱动脑的伽利略

伽利略是古代一位著名的科学家，出生在意大利的比萨城。他一生追求真理，献身科学，敢于坚持自己的原则。

8 岁的小伽利略开始上学，他是班上最聪明的学生。他的小脑袋里装满了各种各样奇妙的想法，有的问题连他的老师都回答不了，但是老师并没有因此而讨厌他，恰恰相反，老师对他很满意。

有一次，老师给学生们出了一个难题：一根绳子把它围成什么形状时，围成的面积最大？伽利略为了知道答案，找来一根绳子，把它围成各种形状，方形、长形、圆形……最后他发现，在各种图形中，只有圆形面积最大，他还用他学到的数学

知识证明了这个观点。他的老师看见了伽利略的证明非常高兴，鼓励他好好学习数学。

一天，伽利略在教堂里坐着，看到一根长绳子下面挂着一盏灯。这时，走过来一个孩子，点亮了这盏灯，孩子走了，灯却还在来回地摆动。

伽利略特别细心地观察着这盏灯，渐渐地那盏灯摆动得越来越慢，直到最后停下来了。他又去推了一下，继续仔细地看着。开始，灯摆动的幅度比较大，后来逐渐变小，直到最后停止。

就这样观察了几次之后，他发现：无论灯一开始摆动的幅度有多大，到最后停止时所需要的时间都是相同的。

他怕自己观察得不太准确，就又开始推那盏灯，继续观察。那时没有闹钟，没有办法计时，聪明的伽利略

伽利略观察吊灯

就数自己的脉搏。因为,一般情况下,在一定的时间内脉搏的跳动次数是相同的。用这种办法得出的结论,仍是每次所需要的时间都是相同的。

回家后,他立刻开始自己动手做实验。他找来了绳子和一块大铁片,把铁片固定在绳子的一端,然后把另一端固定在一个地方,让它摆动。然后他数着铁片摆动的次数,发现铁片摆动得比他的脉搏慢。"为什么呢?"他呆呆地望着铁片想了半天,最后认为:应该是绳子的问题。于是,他又用一根短一点的绳子进行试验,铁片摆动得比他的脉搏又快了。就这样,他反复地进行调整,最后摆速终于和他的脉搏跳动的次数一致了。

两个铁球的实验

在伽利略9岁那年他就被父亲送进了修道院学习。既聪明又好学的伽利略,中学时代一直是成绩优异的学生。

伽利略17岁时完成了中学学业,遵从父命进比萨大学学医,可是他觉得医学枯燥无味,而在课外听家族世交、著名学者里奇讲解"欧几里得几何学"和"阿基米德静力学"时却是津津有味。里奇的讲解深入浅出、通俗易懂,渐渐地这些讲座引领伽利略进入了一个数学、物理学的新世界。

有一天,伽利略在书房里看亚里士多德的著作,他突然自言自语起来。

"不可能,太不可能了——'物体从高处落下时,速度是由重量决定的。物体越重落下来的速度越快。'"

"为什么只要摆的绳长相同,摆落到最低点的时间都相同呢?这与摆的重量似乎是没有关系的啊!"

伽利略在比萨斜塔上进行"两个铁球同时落地"的实验

伽利略决定做一个不

同重量的物体从高处往下落时，距离相同，落到地面的时间也相同的实验。

1590年，伽利略在比萨斜塔上做了"两个铁球（一大一小）同时落地"的著名实验，从此推翻了亚里士多德"物体下落速度和重量成比例"的学说，纠正了这个持续了1900年之久的错误结论。

1609年，伽利略发明了天文望远镜（后被称为伽利略望远镜），并用来观测天体，他发现了月球表面的凹凸不平，并亲手绘制了第一幅月面图。

1610年1月7日，伽利略发现了木星的四颗卫星，为哥白尼学说找到了确凿的证据，标志着哥白尼学说开始走向胜利。借助于望远镜，伽利略还先后发现了土星光环、太阳黑子、太阳的自转、金星和水星的盈亏现象以及银河是由无数恒星组成，等等。这些发现开辟了天文学的新时代。

tián cái jù zuò jiā　　　shā shì bǐ yà

天才剧作家——莎士比亚

生于1564年，死于1616年。欧州文艺复兴时期英国杰出的戏剧家和诗人，世界戏剧艺术的泰斗，古往今来少数最伟大的作家之一。

xiǎo shā shì bǐ yà yǎn xì

小莎士比亚演戏

yīng guó lún dūn de sī tè lā fú chéng shì shì gǔ shí hou xiá shì luó bīn hàn jīng
英国伦敦的斯特拉福城是古时候侠士罗宾汉经
cháng huó dòng de dì fang wēi lián shā shì bǐ yà jiù chū shēng zài zhè zuò chéng
常活动的地方，威廉·莎士比亚就出生在这座城
shì li jū zhù zài zhè zuò chéng shì de xiǎo hái zi jī hū shì cóng fù mǔ de zuǐ
市里。居住在这座城市的小孩子几乎是从父母的嘴
li tīng luó bīn hàn de gù shi zhǎng dà de shā shì bǐ yà yě bú lì wài tā
里听罗宾汉的故事长大的，莎士比亚也不例外。他
jīng cháng chán zhe máng máng lù lù de mǔ qīn gěi tā jiǎng luó bīn hàn de gù shi
经常缠着忙忙碌碌的母亲给他讲罗宾汉的故事。

莎士比亚故乡

莎士比亚的父亲是一个羊毛商人，由于生意做得好，家境富裕，莎士比亚7岁的那一年，父亲便把他送到了斯特拉福城里最好的学校去上学，莎士比亚是一个好学的孩子，他把功课学完以后，还特别喜欢看课外书籍，诗歌和戏剧方面的书，他一抱起来就总是不愿意轻易扔掉。在斯特拉福每年的5月，为了纪念罗宾汉，城市的露天剧场里都要上演有关罗宾汉的戏剧，每当这个时候莎士比亚总是早早地拉着母亲，坐在第一排等着开幕。

　　看完罗宾汉的戏回到家里，莎士比亚总是要模仿着戏里的人物表演一番。有一天，他把邻居的小伙伴们招集到他家的大客厅里，然后由他开始分配角色，在他的指导下，这些小家伙便开始在大厅里演起罗宾汉来。大家演完以后都高兴得了不得。从此每当这群小家伙没事的时候，都来到莎士比亚家的大厅里，上演罗宾汉的戏，有时大家都争着当罗宾汉，当然，大多数的时间里总是由莎士比亚主演。

自学成才写剧本

由于莎士比亚父亲的生意做得还不错，所以在学校里，莎士比亚也算得上是富家子弟，但是他从来不仗势欺人。有时，有钱人家的孩子欺侮穷人家里的孩子，他总是学着罗宾汉的样子出来打抱不平。

父亲做羊毛生意虽然赚了一大笔钱，可有一年由于闹旱灾，羊群大量减少，父亲的生意不仅做不成了，而且还欠了别人一大笔债。

为了帮助家里，莎士比亚到一个屠宰场去当学徒。

后来有一天，莎士比亚招集了几个穷人，教训了当地一个霸道的大庄园主。乡亲们知道这件事以后很赞赏莎士比亚，但是他们又为莎士比亚担心，在亲人的劝说下，莎士比亚只好离开家来到了伦敦。

年轻时的莎士比亚

在伦敦生活虽然很苦，但每天都能看到戏剧演出，由此他开始对戏剧产生了浓厚的兴趣。过了一段时间剧院老板发现他机灵好学而且对戏剧充满了热情，便决定让他到后台去做提词的工作，这样一来使得莎士比亚熟悉了剧本内容，并且，当时伦敦的剧团对剧本的需要非常迫切，这让他萌发了编写剧本的想法，他常常利用业余时间自学文学、历史、哲学等课程，并开始编写一些剧本。

27岁那年，莎士比亚写的历史剧《亨利六世》三部曲被改编上演后，大受观众欢迎，他逐渐在伦敦戏剧界站稳了脚跟。之后，他一系列的著作使他的名声越来越大。

1595年，莎士比亚完成了《仲夏夜之梦》以及

感人至深的悲剧《罗密欧与朱丽叶》。在《罗密欧与朱丽叶》上演后，莎士比亚名震伦敦，观众像潮水一般涌向剧场去看这出戏，并纷纷被感动得流下泪水。至此，莎士比亚在英国戏剧界的地位已经无人可以取代了。

莎士比亚府上的长椅

智勇兼备的少年皇帝——康熙

生于 1654 年，死于 1722 年。名爱新觉罗·玄烨，顺治帝第三子，清朝入关后第二个皇帝，在位 61 年，是中国历史上在位时间最长的皇帝。

小康熙继位

康熙的生母不受顺治皇帝宠爱，因而幼年的康熙也备受父皇冷落。顺治曾借口三皇子即康熙未出水痘，令他与保姆别居于紫禁城西的一座府第。

幼年时，康熙接受了近乎苛刻的教育。他五岁即入书房读书。每天黎明，天空还闪烁着几颗寒星，幼小的康熙就戴上特制的红绒绣顶的小冠，穿上小袍小靴，从乾清门入宫。因年龄太小，跨不过门槛，还要太监抱进门内。他读书非常勤奋，哪怕有一个字不明白，也要寻根问底，弄懂为止。尽管如此，"望孙成龙"的祖母仍不满意，让玄烨承受超出身体能承受的学习负担，致使他身体一度虚弱，必须针灸治疗。后来他最怕针灸，每闻艾味即感头痛。

95

康熙八岁时，父亲顺治皇帝因天花去世。临终时，遗命康熙即位。康熙之所以能当上皇帝，一个重要的原因就是他已出过天花，不至于再因这种可怕的疾病而早死，可是在他脸上却留下了不太显眼的痘痕。

康熙十岁的时侯，有一次，某大帅得到一只罕见的黄鹦鹉，就用黄金做笼，进贡给皇帝。哪个小孩不喜欢小动物呢，大帅满以为会得到小皇帝的欢心。活蹦乱跳的鹦鹉确实讨人喜欢，尤其是它伶牙俐齿，时不时冒一句"皇上吉祥"之类的俏皮话，更惹得大家哈哈大笑。小皇帝也颇有些心动，但他记起祖母的告诫，不要玩物丧志，皇帝必须严格要求自己，才能得到臣民的拥戴。康熙的脸色变得严肃起来，严令将鹦鹉退回，并重重地训斥了这位大帅一顿。据考证，清宫中饲养过各种专供玩赏的动物，都是康熙以

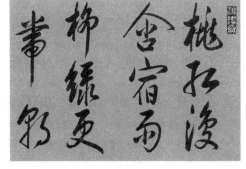

康熙书法

96

后的皇帝所为的。

智擒鳌拜

因康熙继位时年纪太小，顺治去世前托付四位大臣辅佐朝政。其中一个辅政大臣鳌拜，不把小皇帝放在眼里，不仅遇事不同他商量，自己独自决定，还敢擅自改动皇帝的诏书。甚至有一次为了一件小事当面和康熙争吵。鳌拜不仅大权在握，还极力培养党羽，有谋反之心。康熙亲政后，两人的矛盾愈来愈深。为了制止鳌拜继续专权，康熙暗下决心要除掉这个祸患。他以演习摔跤为名，在宫中训练了一批身强力壮的少年。有时鳌拜来了，这群小孩也不回避。这样一来二去，鳌拜也就不在意了。一天，康熙得知鳌拜生了重病，便想借看望之名，探听一下虚实。他带领太监立即起驾，轻装简从，直奔鳌拜府上。鳌拜府上守卫见皇上驾到，急忙要去禀报，被康熙让人喝住。康熙和侍卫径直向鳌拜

wò shì ér qù
卧室而去。

zhè shí áo bài yǐ jīng dé zhī huáng shàng jià dào máng lìng qīn xìn men huí
这时鳌拜已经得知皇上驾到，忙令亲信们回

bì zì jǐ zài wū nèi shāo zuò bù zhì hái méi děng dào áo bài chū mén yíng jià
避，自己在屋内稍做布置。还没等到鳌拜出门迎驾，

shì wèi jiē kāi áo bài shuì chuáng de xí zi zhǐ jiàn yì bǎ shā rén yòng de bǐ
侍卫揭开鳌拜睡床的席子，只见一把杀人用的匕

shǒu zhèng lù chū shǎn shǎn hán guāng áo bài dùn shí liǎn sè dà biàn jí de yǎn
首正露出闪闪寒光。鳌拜顿时脸色大变，急得眼

zhū zi gū lū lū zhí zhuàn zhè shí kāng xī de shì wèi men gè gè zuàn jǐn dāo
珠子骨碌碌直转。这时，康熙的侍卫们个个攥紧刀

jiàn děng dài huáng shàng yì shēng lìng xià jiù chōng shàng qù yǔ áo bài bó dòu
剑，等待皇上一声令下就冲上去与鳌拜搏斗。

kōng qì jǐn zhāng de xiàng níng jié le yí yàng zhǐ tīng wū nèi bǎi shè de xī yáng
空气紧张得像凝结了一样，只听屋内摆设的西洋

zì míng zhōng dī dā dī dā zuò xiǎng
自鸣钟滴答滴答作响。

zhè zhǒng chén mèn de kōng qì zhǐ yào zài chí xù yí huì er áo bài jiù huì
这种沉闷的空气只要再持续一会儿，鳌拜就会

gū zhù yí zhì hū huàn zì jǐ de qīn bīng jìn lái hé huáng shàng jué yī sǐ zhàn
孤注一掷，呼唤自己的亲兵进来和皇上决一死战。

zài áo bài de fǔ dǐ jiǎ ruò fā shēng zhè yàng de jué dòu duì yú kāng xī lái
在鳌拜的府邸，假若发生这样的决斗，对于康熙来

shuō hòu guǒ jiāng shì bù kān shè xiǎng de zhǐ jiàn kāng xī huáng dì zhèn jìng zì
说，后果将是不堪设想的。只见康熙皇帝镇静自

ruò miàn bù gǎi sè qì bù chuǎn
若，面不改色，气不喘，

tài rán zì ruò de fàng xià shǒu zhōng de
泰然自若地放下手中的

chá bēi ná qǐ yì bǎ tuán shàn yì
茶杯，拿起一把团扇一

biān qīng yáo yì biān hā hā dà xiào qǐ
边轻摇一边哈哈大笑起

lái tā gào su shì wèi men dāo
来。他告诉侍卫们："刀

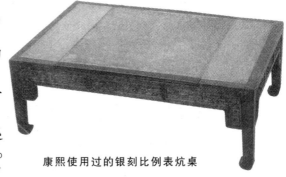
康熙使用过的银刻比例表炕桌

98

不离身是咱们满族人的老习惯,习武练功是祖宗的告诫。辅政大臣染病在身尚不忘圣训,这乃是大清朝的洪福,实在可嘉可奖!"

听了皇上的一番话,鳌拜长舒了一口气,气氛顿时缓和下来。康熙问过鳌拜"病情",要他好好养病,待病稍愈就到宫中赏看御花园中新近开放的牡丹,也好散散心。鳌拜忙不迭地谢主龙恩。康熙也不多留,带领人马回宫。

在返回路上,康熙命令小太监马上去谕告索额图等几位大臣到宫廷候召,准备跟皇上对弈。等到康熙回宫后,几位大臣都已经在午门之外等候了。其实,弈棋只是掩人耳目而已,目的是同几位亲信大臣进宫商讨擒拿鳌拜的办法。和大臣们磋商之后,康熙胸有成竹开始了下一步行动。

几天过去,风平浪静,康熙谕

康熙盔甲

告鳌拜入宫赏牡丹。鳌拜得知御花园中牡丹开得正艳，因此一接到皇上谕谕便兴致勃勃地赶去。鳌拜当时也存了几分戒心，挂着宝剑带上卫队到了宫门。按规定，大臣的侍卫不准进入皇宫，也是鳌拜胆大，便一个人手按宝剑，挺胸抬头进了皇宫。

过了三门，鳌拜便放心了，因为宫里连一个士兵都没有，刚才紧绷着的心踏实多了，于是，他便倒背双手，踱着四方步迈进了三门。当他大摇大摆地入午门，过太和殿，奔向御花园的时候，猛抬头见康熙正在一大群太监的簇拥下等着他。他赶忙上前拜见。突然，一群孩子拥上来，连拉带打将鳌拜拖翻在地，他还没弄清怎么回事，便被捆绑了起来。康熙厉声喝斥，当场宣布鳌拜结党营私、陷害贤能、图谋不轨的罪行。之后命刑部严加审讯，查明鳌拜的30条主要罪状，

智擒鳌拜

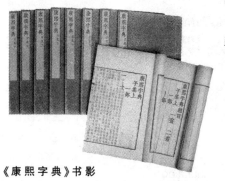

《康熙字典》书影

并且逮捕处决了他的死党，将鳌拜革职拘禁。从此康熙开始了他波澜壮阔的政治生涯。

1683年，康熙派施琅为将领兵攻取台湾，同时采用招安之法，最终和平统一台湾。在台湾设立了一府三县，台湾在政治、军事、行政上又与大陆成为一个整体。这种措施，对于加强我国台湾地区经济的发展和提高军事防卫力量，巩固我国东南海域，有着深刻的历史意义。

康熙在位期间，还进行了两次收复祖国领土的雅克萨之战，痛击了疯狂东扩的沙皇俄国，捍卫了中国主权与领土的完整。

康熙酷爱读书学习，他还主持编辑了《康熙字典》和《全唐诗》，在文化上也做出了重要贡献。康熙为历史上著名的"康乾盛世"打下了坚实基础，他一生文治武功赫赫，不愧为"大帝"称号。

蒸汽机的发明者——瓦特

生于 1736 年,死于 1819 年。英国发明家,发明世界上第一台实用的蒸汽机。

壶盖为什么会跳

1736 年瓦特出生于苏格兰格林诺克市镇的一个工人家庭,父亲是一位技高艺精的工人,擅长机械修理和制作,在家乡经营了一个小作坊,专门制造和修理船上的仪器和装备,在当地颇有些名气。

小瓦特特别爱动脑子,有一双特别敏锐的眼睛,因此他有特别多的问题。生火、烧水、做饭,对这种司空见惯的事,人人看在眼里,却无人留意在心上,偏偏在小瓦特那里出了"问题"。

有一天,他在厨房里看奶奶做饭,炉子上的一壶水烧开了,壶里冒出一股股水蒸气,还不断地发出"哧哧"的声响,壶盖也不停地上下跳动着。他目不转睛地盯着那跳动的壶盖和冒出的水蒸气,

míng sī kǔ xiǎng qí zhōng de ào mì
冥思苦想其中的奥秘，
bǎi sī bù dé qí jiě jiù pǎo guò
百思不得其解，就跑过
qù wèn nǎi nai nǎi nai hú gài
去问奶奶："奶奶，壶盖
wèi shén me huì shàng xià tiào dòng
为什么会上下跳动
ne nǎi nai tīng le bù jīng yì
呢？"奶奶听了，不经意
de huí dá shuō shuǐ yì kāi hú
地回答说："水一开，壶
gài jiù tiào dòng le bei wèi shén
盖就跳动了呗！""为什

瓦特与妻儿

me shuǐ kāi le hú gài jiù huì tiào dòng jiū jìng shì shén me dōng xi tuī dòng de
么水开了，壶盖就会跳动？究竟是什么东西推动的
ne nǎi nai bèi sūn zi wèn zhù le wú yán yǐ duì
呢？"奶奶被孙子问住了，无言以对。

　　shuǐ zhēng qì xiān dòng hú gài zhè jiàn shì gěi wǎ tè liú xià le shēn kè de
　　水蒸气掀动壶盖这件事，给瓦特留下了深刻的
yìn xiàng tā duì zhè jiàn shì jìn xíng le yǒu yì yì de sī kǎo
印象，他对这件事进行了有意义的思考。

　　tā xiǎng xiǎo xiǎo de zhēng qì dōu yǒu rú cǐ jīng rén de lì liàng yí dìng
　　他想：小小的蒸汽都有如此惊人的力量，一定
huì yǒu hěn dà de yòng tú rú guǒ xiǎng bàn fǎ bǎ tā lì yòng qǐ lái dìng néng
会有很大的用途。如果想办法把它利用起来，定能
gàn chū dà shì bǐ rú jǔ qǐ zhòng wù dài dòng shén me dōng xi wǎ tè jué de
干出大事。比如举起重物，带动什么东西，瓦特觉得
zhè shì yì zhǒng hěn yǒu qù yě hěn yǒu yì yì de xiǎng fǎ tā xiāng xìn kě yǐ
这是一种很有趣，也很有意义的想法，他相信可以
jiāng zhè zhǒng lǐ xiǎng biàn chéng xiàn shí
将这种理想变成现实。

瓦特与蒸汽机

少年时代想利用蒸汽的理想，使小瓦特更加努力地学习。长大后他当了工人，有更多的机会学习了。这时，他才知道，早就有人想到用蒸汽做动力了。此前不久，也就是1705年，英国的纽可门发明了纽可门蒸汽机。

但瓦特不甘于把自己的理想毁灭，他继续努力学习，刻苦钻研。他进一步发现，纽可门蒸汽机虽然已经被广泛使用，但有待于改进的地方还很多。瓦特发现，纽可门蒸汽机不好用的原因是蒸汽得不到充分利用。怎样才能使蒸汽机产生的蒸汽被充分地利用起来呢？为此，瓦特冥思苦想，也找不到好的方法，他陷入了苦恼之中。

经过了3年多的反复实验，瓦特终于在1768年制造出真正能够运转的蒸汽机。第二年，他获得了发明的专利权。瓦特发明的新型蒸汽机使得工

zuò xiào lǜ dà dà tí gāo

作效率大大提高。

wǎ tè duì zhēng qì jī de fā míng shì dì yī cì gōng yè gé mìng zhōng huà

瓦特对蒸汽机的发明是第一次工业革命中划

shí dài de zhòng dà shì jiàn zhēng qì jī de guǎng fàn yìng yòng shǐ rén lèi huò

时代的重大事件。蒸汽机的广泛应用，使人类获

dé le kōng qián qiáng jìn de kě bèi rén lèi kòng zhì de dòng lì zī yuán duì shè

得了空前强劲的、可被人类控制的动力资源，对社

huì jīng jì de kuà yuè xìng fā zhǎn qǐ le guān jiàn xìng zuò yòng

会经济的跨越性发展起了关键性作用。

瓦特蒸汽机

音乐"神童"——莫扎特

生于1756年,死于1791年。奥地利著名音乐家、作曲家,维也纳古乐派的代表人物之一。他用短暂的一生创作了70余部作品,为西方音乐的发展开辟了崭新的道路。

从小爱音乐

莫扎特的父亲雷欧柏·莫扎特是一位音乐素养很高的小提琴家和作曲家,在萨尔斯堡大主教的宫廷乐队担任副指挥。他的母亲是一位贤淑的妇女,对丈夫忠诚笃信,尽心操持着家务。由于萨尔斯堡大主教对音乐的热爱与倡导,这座小城弥漫着浓郁的音乐气氛。莫扎特降生在这样的城市,这样的家庭,使他从小就在良好的音乐环境中耳濡目染,因此,3岁的时候,他就表现出了对音乐的极大兴趣。

莫扎特的姐姐南内尔比他大5岁。姐姐8岁的时候,父亲便开始教她学弹钢琴。当姐姐弹琴时,3岁的莫扎特总是站在旁边认真地听。不管他玩得多么投入、多么欢快,只要一听到琴声,便把玩具一扔,静静地向钢琴走去等姐姐弹完，他就伸直小手，在琴键上敲打起来。一开始，他弹出的声音很不和谐，时间一长，居然能把姐姐刚弹完的曲子又弹奏出来。他对音乐敏锐的感受能力，引起了父亲的好奇。莫扎特的父亲暗暗地下定

小时候的莫扎特

决心，一定要好好培养儿子。莫扎特4岁时跟着父亲开始了正式的音乐学习。

一年下来，幼小的莫扎特表现出了非凡的音乐才华。对那些技巧复杂、难度较大的曲子，他从来没有感到过困难，一首小曲，只要练习二三十分钟，就能准确完美地弹奏下来，而且练过一次的东西都能背下来。聪慧的莫扎特没有因其具有天才般的乐感而怠慢学习，相反，他学习是非常刻苦用功的，小小年纪便坚持每天练琴不辍。

5岁时，莫扎特就开始试着作曲了。有一天，父亲

cóng wài miàn huí lái　　fā xiàn tā
从外面回来，发现他
zhèng zài xiě dōng xi　 biàn wèn tā
正在写东西，便问他
zài xiě shén me　tā yì běn zhèng
在写什么，他一本正
jīng de huí dá dào　　 xiě yì shǒu
经地回答道："写一首
gāng qín xié zòu qǔ　　 fù qīn jīng
钢琴协奏曲。"父亲惊
yì de ná qǐ tā de qǔ pǔ
异地拿起他的曲谱，
shěn shì zhe ér zi de zuò pǐn
审视着儿子的作品。
tā yǒu xiē bù gǎn xiāng xìn zì jǐ
他有些不敢相信自己

小莫扎特在作曲

de yǎn jīng　 zhè nán dào shì　suì de ér tóng néng xiě chū lái de dōng xi　 fù qīn
的眼睛：这难道是5岁的儿童能写出来的东西？父亲
kàn zhe kàn zhe　　shuāng yǎn li chōng mǎn le jīng xǐ de lèi huā
看着看着，双眼里充满了惊喜的泪花。

zhēn zhèng de yīn yuè tiān cái
真正的音乐天才

zài mò zhā tè de jiā li jīng cháng yǒu fù qīn de liǎng wèi péng you lái liàn
在莫扎特的家里经常有父亲的两位朋友来练
xiǎo tí qín zhè liǎng wèi péng you shì jīng cháng gēn fù qīn tóng tái yǎn sān chóng zòu
小提琴，这两位朋友是经常跟父亲同台演三重奏
qǔ zi de xiǎo tí qín shǒu yǒu yì tiān mò zā tè tīng jiàn tā men zài kè tīng
曲子的小提琴手。有一天，莫扎特听见他们在客厅
li yǎn zòu sān chóng zòu de xiǎo tí qín qǔ yú shì tā yě ná zhe zì jǐ de xiǎo
里演奏三重奏的小提琴曲，于是他也拿着自己的小
tí qín lái dào kè tīng li píng shí mò zhā tè zhǔ yào xué gāng qín ǒu ěr cái
提琴来到客厅里。平时莫扎特主要学钢琴，偶尔才

跟着父亲学学小提琴，父亲教他学小提琴时纯粹是为了调节。

"爸爸，我来担任第二小提琴手，行吧？"

"不行，这个曲子你平日没有练过。"

"我可以看着曲谱。"

"行，行，就让我们这个小天才试试吧！"在一旁的第二小提琴手发言了。

就这样，莫扎特跟着父亲和另一位叔叔一起演奏了小提琴三重奏，演奏结束了，三个大人站在那里一动不动了，大家都看着小莫扎特，为他的才华目瞪口呆。

"天啊，你这个小家伙可真是一个天才。"第二小提琴手终于开口说话了。

莫扎特的父亲发现自己的儿子的确在音乐方面具有才华，为了让孩子们开阔眼界，于是父亲便领

莫扎特在作曲

着南内尔和莫扎特到外地去演出，11岁的南内尔和6岁的莫扎特在父亲的带领下来到了慕尼黑，并在奥地利皇后玛利·泰丽莎殿前演奏，后来他们又在海德尔贝格、伦敦等地演出，姐姐南内尔和莫扎特都不负父望，他们的演奏都获得了热烈的掌声，尤其是莫扎特的表演常常让观众听得入迷。

莫扎特8岁时，在英国遇见了音乐大师巴赫。巴赫很喜欢这位音乐天才，于是亲自指导他演奏和作曲。在音乐大师的指导下，莫扎特进步更快了。16岁那年，莫扎特结束了到处演出的漫游生活，回到了家乡，在大主教的宫廷乐队里担任首席乐师。

大主教并不看重这个音乐奇才，莫扎特在他眼里只不过是个普通的奴仆，他对莫扎特非常刻薄。几年后，莫扎特辞职离开了宫廷乐队。从此，他的生活更加艰苦。

莫扎特去世时年仅36岁，他用短暂的一生创作了70余部作品，为西方音乐的发展开辟了崭新的道路。

电学之父——法拉第

生于1791年，死于1867年。是19世纪电磁学领域中最伟大的实验物理学家。正是由于他的贡献，使得以后电灯、电话等电气化产品才有了产生的可能。

艰苦的童年生活

1791年9月22日，法拉第出生在英国伦敦一个贫穷的铁匠家里，家里缺衣少食，一度沦为靠领取救济粮来维持生活，而每星期所分到的救济粮，轮到法拉第头上的实际只是一块不大的面包。一个蹦蹦跳跳、正值发育期的9岁男孩，一顿就可以把这样的一块面包吃完。因此，母亲不得不含泪把面包小心地切成14块薄片，以凄苦的双眼直盯着法拉第一再叮嘱："孩子，每天早晨吃一片，下午吃一片，不能多吃，吃完可就没有了。"面黄肌

法拉第

瘦的法拉第望着可怜的母亲认真地点了点头，他想到病中的父亲为了全家的生计还得挥着铁锤干活，想到幼小的妹妹也在忍饥挨饿，他强忍着泪水，响亮地回答："妈妈，我不会多吃的，你放心吧，儿子已经懂事了！"母亲瞧着儿子那强作笑颜的样子，哽咽着说不下去了。

父亲坚持让法拉第上学，好让他日后能过上好日子，可是只上了两年小学，家里就再也没有能力支持他了。

为了生活，13岁的法拉第到一家书店里去当了一名送取报纸的报童，这是一份不管刮风下雨都得穿街走巷的辛苦工作。

这期间法拉第跟送报的摩西斯老爷爷成了好朋友，摩西斯老爷爷一个人住在一个很破旧的木屋子里，木屋里虽然什么都没有，但却有许多破旧的藏书。每天送完报纸以后，法拉第来到摩西斯老爷爷的小木屋里，摩西斯老爷爷就会给他讲一个故事，然后借一本书给法拉第回去看，渐渐地法拉第几乎把摩西斯老爷爷的藏书看得差不多了。

刻苦研究电学

有一天，法拉第在一本书里面读到了有关"电学"的知识，从此以后，法拉第便对电学产生了浓厚的兴趣。

正当他对电学产生兴趣的时候，法拉第被书店的装订厂看中，成了装订工。

当了装订工的法拉第便有机会读到新书了。有一天，装订厂装订了一本《电学知识》，装订完以后，法拉第便认真地阅读起来，他还根据书上讲的知识，做了一些实验。

有一本书上说，在玻璃瓶的外面敷上一层锡箔，再充上电以后，就会发生猛烈的放电。法拉第为了做这个实验，花六个便士买来一个大玻璃瓶，又花七个便士买来锡箔。他把瓶里装上水，把一根金属棍插进水中，这样就形成了一个简单的电极。

他先给这个瓶子充上电，然后小心地用细铜线把外层的锡箔和金属棍连起来。就在铜线接近金属棍的一刹那，火光闪烁，还有"啪啪"巨响，真的放电了！法拉第高兴极了，他渐渐迷上了做实验。

在法拉第周围的人都知道他是一个勤奋而又热爱电学的人，后来一位皇家学会的会员来到书店里买书，得知法拉第非常勤奋好学，便要求见见这位小伙子。他见了法拉第以后，给了法拉第一张戴维教授化学演讲的入场券。

法拉第认真地听了戴维教授四场演讲，并仔细

法拉第做实验

地把笔记整理好配上插图，寄给了戴维教授。教授被法拉第强烈的求知欲和认真的精神感动了，于是便向皇家学会推荐法拉第做自己的助手。

法拉第在皇家研究院工作

在戴维教授的帮助下，法拉第开始了自己真正的电学研究。

法拉第成就最大的时期是1830年至1839年，经过这十年的冥思苦想，他正确地阐释了电的本质，提出了电磁感应定律，并发明了一种电磁电流发生器，也就是最原始的发电机，从而奠定了未来电力工业的基础。

探索自然奥秘——达尔文

生于1809年,死于1882年。英国著名的博物学家和生物学家,进化论的奠基者。他对进化论、人类学和地质学方面的研究作出了巨大贡献。

爱捉昆虫的孩子

达尔文的成功很大程度上跟家庭因素有关,他的祖父和外祖父都是当时英国知名的人士,祖父是一位博物学家,他对动物、植物、矿物、地质都有很深的研究,同时他还是一位发明家、哲学家、诗人和医生。而外祖父却以研制具有英国独特风格的奶油色瓷器而闻名。

达尔文的父亲在当时是一位有名的医生,19岁时就获得了医学博士学位,母亲虽然出身于名门,但自从嫁给达尔文的父亲以后,便心甘情愿地做起了家庭主妇。达尔文在家排行第五,从小受母亲的教育很多,母亲常常带着他和妹妹到河畔散步,让他们接触大自然。

他把大自然当成自己的课堂。他喜欢观察昆虫的生活，例如蝴蝶、蜜蜂、蚂蚁等。他有时也去掏鸟蛋，但这并不是淘气，他每次只掏一个，是想看看鸟蛋怎样孵出鸟来。

有一天，达尔文又到树林里观察昆虫。他在一棵很粗的大树上发现了两只昆虫，样子非常古怪，他从来也没见过，他轻手轻脚地走近树旁，悄悄伸出两只手，紧张地屏住气……正好一手抓住一只。这时，忽然飞过来一只长着透明翅膀的黑色飞虫，他想伸出右手去抓，发觉右手有一只虫；赶忙又伸出左手，左手也有一只虫。他实在舍不得扔下手中的虫子，而眼看那只飞虫就要飞走了，他一时慌乱，一下子就把右手的虫子塞进了嘴里。

那只黑色飞虫被他捉住了。这时达尔文的嘴里却又辣又苦，他还紧闭着嘴唇，原来那只虫子不但能分泌一种苦涩辛辣的液体，还在他嘴里欢蹦乱跳地跳着舞。

就这样，达尔文不但体验到了溶入自然的乐趣，

hái fā xiàn le yì xiē xiǎo dòng wù de shēng huó guī lǜ
还发现了一些小动物的生活规律。

随船考察写巨著

长大后，达尔文曾被父亲送到爱丁堡大学学医，父亲希望他将来能成为名医，继承家业。但达尔文从小就热爱大自然，尤其喜欢打猎、采集矿物和动植物标本。进到医学院后，他仍然经常到野外采集动植物标本。

达尔文制作的鸟标本

父亲认为达尔文"游手好闲"、"不务正业"，一怒之下，于1828年又送他到剑桥大学，改学神学，希望他将来成为一个尊贵的牧师。达尔文对神学院的神创论等不感兴趣，他仍然把大部分时间用在听自然科学讲座，自学大量的自然科学书籍。他热心于收集甲虫等动植物标本，对神秘的大自然充满了浓厚的兴趣。

1831年，年轻的达尔文经汉斯罗教授的推荐，以自然科学家的身份参加了"贝格尔号"历时五年的环球考察。这五年考察，用达尔文自己的话来说，是一件决定了他一生事业的大事，在这五年中，他跋山涉水，进入深山密林。大自然的奇花异草、珍禽异兽，千奇百怪的变异，把他的整个心吸引住了。最后，终于提出"物种逐渐变化"的大胆假设。

达尔文随"贝格尔号"考察

为了避免偏见和替自己理论找到更多的根据，当时他专心到甚至连自己的婚事都忘了，他不但细致地整理了在大自然中可收集到的各种变异事实，还广泛收集了动物在家养条件下的各种变异事实，查阅了大量书籍和

达尔文的考察笔记

这是达尔文随"贝格尔号"环球考察时的笔记，考察结束后，达尔文花了很长时间整理笔记，为他写《物种起源》做准备。

资料，最后终于在1859年11月24日出版了一部划时代的巨著——《物种起源》。

达尔文是一位杰出的科学家，他划时代的贡献为人类科学事业的发展开辟了新的广阔前景，因此，1882年4月19日当他逝世以后，人们为了表达对他的敬仰，把他安葬在另一位科学界伟大人物牛顿的墓旁，享受着一个自然科学家的最高荣誉。

出身贫寒的美国总统——林肯

生于 1809 年，死于 1865 年。美国第 16 任总统。美国南北战争期间，他果断地废除奴隶制，扭转了战局，维护了美国的统一。

小林肯与母亲

1809 年 2 月 12 日，林肯诞生在美国肯塔基州一个贫苦农民家的小木屋中。他的父亲靠开垦荒地和打猎来养活一家人，他的母亲是个心地善良的农妇。

6 岁那一年，林肯成了家里的好帮手，他经常跟着父母在地里干农活。尽管如此，林肯一家的生活还是很艰难。后来被生活所迫，他的父亲只好带着全家到印第安纳州去开荒。

也是在这一年里，母亲为了林肯的将来，决定把他送到学校读书。由于经济的原因，林肯所上的是一所设备非常简陋的学校。学校仅仅存在了一年，因为这里的老师嫌条件艰苦而离去，学校不得不关

bì le
闭了。

1819年秋天，林肯的母亲感染上了当地正在流行的疟疾，这对于本来就贫穷的林肯家来说，真是一件倒霉透顶的事情。没过多久，母亲就去世了。

林肯的继母和他的亲生母亲一样，对孩子们非常疼爱，后来林肯成为总统以后，对于他的少年时代，还非常怀念。他认为自己之所以能有这么一天，完全是母亲的教诲，林肯把抚养自己长大的继母当作亲生母亲一样。当母亲知道附近有学校成

林肯

立时，便把林肯送去上学。她认为林肯这样勤快的孩子，又那么喜欢研究学问，将来一定会有出息。

虽然林肯在学校读书的时间总共加起来也只有一年，但在他居住的附近一带的乡区里，他却是最有学问的人。

爱读书的林肯

林肯从小就非常爱读书，有时，只要一听到某人家中有书，即使徒步走上二三十公里，他也会借来阅读。

有一天，他到邻村有名声的鲍里斯医生家里去干活。他在帮鲍里斯医生打扫零乱的房间时发现桌子上放着一本《华盛顿传》，喜欢读书的林肯，大胆地开口向鲍里斯医生借了这本书。这对于刚拥有这本新书的鲍里斯医生来说，实在是有些舍不得往外借。

"孩子，你能看得懂这本书吗？"

"是的，鲍里斯先生。"

"可是这是一本新书，你能把它保管好吗？"

"当然，这肯定没问题。"

"好吧，你既然这样喜欢它，那就借给你几天吧！可千万不要把它弄脏了。"

　　林肯借到书以后，心里高兴极了，于是干完活以后，赶快回到家里。这时候，已经是夜晚了，劳累了一天的林肯完全忘掉了疲劳，坐在火炉边借着火的光亮看起那本《华盛顿传》。

　　12点的钟声都已敲响了，林肯还坐在火炉边上看书，忙碌的母亲都催了他几次去睡觉了，可是小林肯还是舍不得放下书。一直到深夜2点，在母亲的一再劝说下，小林肯才爱不释手地放下了《华盛顿传》。

　　在沉睡中，林肯被一阵轰鸣的雷声吼醒了，当他睁开惺忪睡眼的时候，那破旧的家正在四处漏雨，林肯吓得赶紧去看那本放在床头桌子上的新书，可是已经晚了，那本新书早已被雨淋湿了。

　　林肯看着湿淋淋的书，慌忙地把它拿到炉火旁去烘烤，结果被烘烤干的书皱皱巴巴的。林肯的内心既焦急又难过。天亮了，林肯把没看完的书还给了鲍里斯医生，希望得到鲍里斯先生的原谅，可是当鲍里斯医生看到昨天还崭新的书，今天已经是

124

面目全非的时候，他有些生气了。

"小家伙，你可是向我保证不把它弄脏的。"

"是的，先生，可是我实在不知道，夜晚会下起雨来。"

"你知道，这本书值多少钱吗？"

"先生，我可以为您干活，用工钱来赔偿这本书。"

就这样，林肯为鲍里斯先生干了三天的活，第三天的时候，鲍里斯终于被诚实的林肯感动了。

林肯的内阁

"行了孩子，这本书完全可以归你所有了。"

林肯勤奋好读书的事，在农夫们那里口耳相传，人们都愿意把家里的藏书借给林肯阅读，几年之中，他把远近几十里所能找到的书都读完了。这对林肯以后所从事的事业是很有帮助的。

19岁时，林肯在一次外出旅行中目睹了黑奴的悲惨生活，他当即下决心要为推翻蓄奴制度而努力。

1858年，林肯在参加伊利诺伊州参议员竞选时，发表了著名的演说《裂开了的房子》。尽管这次竞选失败了，但演讲使他的大名传遍了全国。

护理事业的奠基人——南丁格尔

生于1820年,死于1910年。欧美近代护理学和护士教育的创始人之一。为表彰她的杰出贡献,国际红十字会设立了"南丁格尔奖章",作为护士的最高荣誉。

坚持学护理

人们常爱把护士比作"白衣天使",这是人们对护士这一崇高职业的由衷褒奖,英国妇女弗洛伦斯·南丁格尔便是最有资格获得这一褒奖的人。

1820年5月12日,南丁格尔出生在意大利佛罗伦萨一个旅意英国商人的家里,她的父母为人善良,常常施舍穷人。南丁格尔在他们的熏陶下,也产生了要为穷人、病人服务的思想。1837年,17岁的南丁格尔突然对父母说:"我要到医院里学习护理,以后当护士。"

当时护理工作还被人认为是个卑贱的职业,一个大家闺秀去当护士,这简直是不可容忍的事情。可是南丁格尔像是铁了心似的,坚持要学习护理。

母亲见她有这么大的决心,只好送她去德国新教徒慈善机构办的一所医院里学习护理。

"国际护士节"的来历

1853年克里米亚战争爆发了,那年33岁的南丁格尔已是一所医院的护士长。战争进行到第二年,英国对俄国宣战。有一天,南丁格尔看到一家报纸报道说:在前线英国军队不仅没有足够的医生、包扎员和护士,而且连做绷带的纱布也不够用。看完报道后,南丁格尔的心中充满了痛苦和焦虑,一连好几天,她都在沉思,渐渐地萌发了去前线护理伤员的想法。

她找到医院院长,提出由她带领一批护士到前线参加护理伤病员的工作。然而19世纪中期的欧洲,人们对妇女抱有偏见,妇女担任公职会遭到妒忌和反对,更何况要上前线去。保守的医院院长说啥也不同意这件事。

南丁格尔的父母理解女儿的心，他们通过关系找到了陆军大臣，为女儿说情，总算使南丁格尔如愿以偿。

1854年秋天，南丁格尔带着由38名护士组成的医疗护理队来到前线。野战医院里到处是伤兵，连走廊里也躺满了人，有的断了手，有的断了腿，还有的患痢疾。整个医院空气污浊、臭气熏天，手术室的窗户下堆着被截下的上、下肢，令人见了心寒。到了夜晚，病房里老鼠乱窜，臭虫、虱子成灾，简直是个活地狱。

目睹这恐怖悲惨的景象，南丁格尔更加坚定了拯救伤员的决心。一到医院，她便带领护士冒着随时被疾病传染的危险，没日没夜地投入到抢救工作中，清扫病房、拆洗床单和伤员的衣服、烹调食物，到了夜晚还要提着马灯巡视病房，使野战医院的面貌焕然一新，

南丁格尔

伤员的死亡率由原来的40％下降到2％。

南丁格尔很快便成了病人们的知心人，有些病人在家信中写道："南丁格尔小姐是个了不起的白衣天使，有她护理，简直就是上天的恩赐。"

南丁格尔的故事就如神话般地传开了，后来连反对她的英国绅士都不得不承认，南丁格尔在护理行业创造了奇迹。

1856年，克里米亚战争结束后，英国政府已经把她当作英雄了。1860年她用公众捐助的南丁格尔基金在伦敦泰晤士河边的圣·托马斯医院创办了"南丁格尔护士学校"，这是世界上第一所正式的护士学校。从此由南丁格尔开创的战地护理事业和护理学校在全世界得到推广。

为了护理事业，南丁格尔终身未嫁，她把毕生的精力

南丁格尔——天使的化身

dōu tóu rù le hù lǐ de shì yè shang
都投入了护理的事业上。

nán dīng gé ěr shì shì hòu wèi le jì niàn tā de yè jì rén men zài lún
南丁格尔逝世后，为了纪念她的业绩，人们在伦

dūn shì zhōng xīn wèi tā shù lì le diāo xiàng hái bǎ tā de shēng rì yuè
敦市中心为她竖立了雕像，还把她的生日——5月

rì dìng wéi guó jì hù shi jié
12日定为"国际护士节"。

美国汽车大王——福特

生于1863年，死于1947年。福特汽车公司的创始人，被誉为"汽车大王"。

小福特的"秘密武器"

亨利·福特是美国最著名的汽车大王。1863年，他出生于美国底特律南郊迪尔本镇的一个富裕农民家庭。身为农家子弟，他自小却对扛铁锹锄头下地干活、挤牛奶、养马等农事就很厌恶。与此相反，他对摆弄机械兴趣极浓。年仅7岁，他就是轰动全镇的天才少年技师了。

小福特对"滴滴答答"走个不停的钟表特别好奇，总爱拆开来探个究竟。家中几乎所有的钟表都被他拆得七零八落。因此，家里人只要看见小福特回来，便立刻慌慌张张地把那些手表藏起来。不久他除了修理自己家里的钟表外，还替所有邻居家修理钟表。一次，他家的一个朋友说："福特家的每一个钟表看见亨利走过来就哆嗦!"

小福特在自己房间的床头柜里藏了7种"秘密武器":钻孔机、锉刀、铁锤、铆钉、锯子、螺栓和螺丝帽。锉刀是用拣来的铁片切割而成的,钻孔机则是用从母亲那儿偷来的棒针改造的。7岁的小孩将这些工具收集得如此完备,简直令人惊叹。

但福特的兴趣不只限于钟表,新的农具一到家里也会被他拆得支离破碎。后来,他的兴趣又扩展到机器制造,为他以后的事业成功作了准备。

福特的"工厂"

有一次,在一个北风呼啸的冬日,小福特跟随父亲到8英里以外的底特律去。在底特律火车站,他第一次看到了火车头。他立刻被这个大怪物迷住了,恳求列车长允许他进入火车头看看。那位好心的列车长爽快地满足了他的要求,并为他开动了火车头。他坐在驾驶台上,把汽笛拉得"呜呜"作

福特公司推出汽车装配线

^{xiǎng}
响。

huí dào jiā li　tā xīng fèn de zhěng yè méi shuì hǎo jiào　dì èr tiān yì
回到家里，他兴奋得整夜没睡好觉。第二天一

zǎo　tā mán guò mǔ qīn cóng chú fáng li tōu lái liǎng gè shuǐ hú　zài qí zhōng
早，他瞒过母亲，从厨房里偷来两个水壶，在其中

yí gè lǐ miàn fàng mǎn shāo hóng de méi tàn　lìng yí gè hú li zhuāng shang shāo kāi
一个里面放满烧红的煤炭，另一个壶里装上烧开

de kāi shuǐ　rán hòu cóng zhù cáng shì li qǔ chū xuě qiāo　bǎ liǎng gè shuǐ hú fàng
的开水，然后从贮藏室里取出雪橇，把两个水壶放

zài xuě qiāo shang
在雪橇上。

福特T型车

huǒ chē tóu lái
"火车头来

le　tā yì biān xiàng xiǎo huǒ
了！"他一边向小伙

bàn men jiào zhe　yì biān zài dì
伴们叫着，一边在地

shang huá dòng zhe xuě qiāo　zì
上滑动着雪橇。自

制的"小火车头"
成功了，他沉浸在
无比的欢乐之中。

福特GT型车

他把自己的卧室当作小工厂，窗前的写字桌成了工作台。所有的玩具都是自己做，尤其是那些装有机械的会动的玩具。弟弟妹妹一旦有了新玩具，都怕被他看见，否则就会被他拆掉。

母亲是一贯支持他的，称赞他是"天生的机械师"，给他提供工具，并不断地鼓励他。福特一生中所表现出的镇静沉着、不屈不挠的性格，与母亲的教育培养不无关系。

福特长大后，立志献身汽车事业。他建立了自己的工厂，工厂里生产了大量物美价廉的"福特"牌小汽车，使许多普通的美国家庭实现了汽车梦。福特也因此被誉为"汽车大王"。

福特野马

法国雕塑大师——罗丹
fǎ guó diāo sù dà shī　　luó dān

生于 1840 年，死于 1917 年。法国杰出的雕塑家，闻名于世的伟大艺术家，他的《思想者》、《青铜时代》、《吻》等都是后代公认的传世杰作。

饭桌底下学画画
fàn zhuō dǐ xià xué huà huà

1840 年 11 月 12 日，奥古斯特·罗丹出生在巴黎拉丁区一个极其清贫的家庭里。

1845 年，罗丹刚满 5 岁，由于过人的聪明，父亲提前把他送到了离家不远的耶稣会学校上学，但是罗丹对宗教方面的书一点兴趣也没有，却非常喜欢画画。

一天，收拾家务的母亲拣出一堆废纸来，罗丹却把这一堆废纸一张张的弄平后，在上面画了许多自己喜欢的画。从这以后，罗丹经常模仿包装纸、报纸上的人物、房屋、动物的样子把它们画下来。

一次，在餐桌上罗丹发现父亲脚边上有一张纸，他便趴下去，用笔画出了父亲皮鞋的样子。

坐在他旁边的哥哥发现了罗丹趴在地上不吃饭，就叫了起来：

"罗丹，你不吃饭趴在地上干什么？"

父亲一看趴在自己脚边的罗丹，也忍不住吼了起来："站起来，你这个鬼东西，不好好吃饭，看我怎么收拾你。"

当父亲发现罗丹趴在自己脚边画画时，更是生气了："你学习这么不好，原来你在干这玩意儿！"

父亲非常生气地把罗丹打了一顿，而且让罗丹当场保证从此以后要好好学习，不再画画了。

从此，罗丹虽然在家里不敢再画画了，但是在外面，不管是在马路上还是在墙上他每天都喜欢画上几笔。

由绘画儿童到雕塑大师

罗丹的学习一直没有进步，父亲决定把这个成绩一点也不好的孩子送去工作。

"我看你再学也是一样，快去找份工作吧！免得我白养着你。"

"不，我要学画画。"

"学画画，谁拿钱送你去学，那东西以后能混饭吃吗？"

在一旁的姐姐这个时候开始帮罗丹讲话了："爸爸，听说有一所美术学校是免费学习的。"

"那好吧！只要他考得上，就去上吧！我反正是管不了他了。"

罗丹经过努力果然考上了这所工艺美术学校，刚入校不久，素描老师看了罗丹的习作后，非常高兴，并且很耐心地给他作了指导。

"千万得记住，既要

罗丹在雕刻

138

xué huì lín mó　gèng yào xué huì gēn jù jǐ yì lái huà huà
学会临摹，更要学会根据记忆来画画。"

luó dān láo láo de jì zhù le lǎo shī de huà　yú shì tā bǎ píng shí fù
罗丹牢牢地记住了老师的话，于是他把平时父

qīn zài gè zhǒng chǎng hé gēn tā shēng qì de yàng zi dōu huà le chū lái　dé dào
亲在各种场合跟他生气的样子都画了出来，得到

le sù miáo lǎo shī de hǎo píng
了素描老师的好评。

sù miáo kè jié shù yǐ hòu　jiù gāi shàng yóu huà kè le　zhè què gěi pín
素描课结束以后，就该上油画课了，这却给贫

qióng de luó dān chū le yí gè nán tí　yán liào hé huà bù dōu xū yào yì bǐ
穷的罗丹出了一个难题，颜料和画布都需要一笔

qián　luó dān cóng nǎ lǐ qù nòng zhè yì bǐ qián a　wàn bān wú nài zhī xià　luó
钱，罗丹从哪里去弄这一笔钱啊？万般无奈之下，罗

dān zhǐ hǎo xué xí diāo sù　yīn wèi diāo sù cái liào wú fēi shì mù tou hé ní
丹只好学习雕塑，因为雕塑材料无非是木头和泥

tǔ　bìng bù huā qián
土，并不花钱。

wèi le bù gěi jiā li zēng jiā fù dān　luó dān yì biān xué xí　yì biān qù
为了不给家里增加负担，罗丹一边学习，一边去

bāng rén dāng zá gōng hé shǒu shì jiàng　yǒu de shí hou hái qù gěi zhù míng diāo sù
帮人当杂工和首饰匠，有的时候还去给著名雕塑

jiā bèi lè sī dāng zhù shǒu　zhè yí qiè bù jǐn shǐ tā yǒu le yì xiē jīng jì lái
家贝勒斯当助手。这一切不仅使他有了一些经济来

yuán　tóng shí yě shǐ tā jī
源，同时也使他积

lěi le fēng fù de diāo sù
累了丰富的雕塑

chuàng zuò sù cái　yě jiù
创作素材。也就

shì cóng zhè ge shí hòu　luó
是从这个时候，罗

dān zhēn zhèng kāi shǐ tà shàng
丹真正开始踏上

diāo sù shì yè de tǎn tú
雕塑事业的坦途。

罗丹在雕刻室

电话的发明者——贝尔

dià n huà de fā míng zhě bèi ěr

生于 1847 年，死于 1922 年。美国发明家。他发明了现代众多通信手段中最方便、最有效的工具——电话。

从淘气包到优等生

cóng táo qì bāo dào yōu děng shēng

1847年3月3日，贝尔出生于英国苏格兰的爱丁堡。他的父亲和祖父都是一生致力于聋哑事业的著名的语言学家。贝尔的父亲还创造了一套借助手势、口型来表达思想感情的"哑语"，给聋哑人带来了很大的方便。

很快，小贝尔就到该上学的年龄了，他被送到城里去上学，可是脑子灵活的小贝尔一点也不守纪律。

他的功课也因为他的贪玩好动而学得不好，为了让贝尔的学习成绩有所提高，爸爸只好把贝尔又送到了爷爷那里去。

有一天，爷爷召集了许多小孩子一起跟着贝尔

到森林里去玩，来到大自然里的孩子们玩得非常高
兴。

"孩子们，你们知道森林里有几种动物吗？"

"有狼。"

"有兔子。"

"有狐狸。"

"这些动物的单词怎么拼写呢？"

"狼是——W—O—L—F！"

"兔子是——R—A—B—B—I—T！"

"狐狸是——F—O—X！"

爷爷又指着树让孩子们回答。孩子们都争着回
答树的名字和拼写单词，唯独小贝尔，什么单词也
拼写不出来。这给贝尔的刺激很大。回到了家里，爷
爷耐心地开导小贝尔：

"孩子，他们都跟你一起上学读书，别人都能拼
写出单词来，你为什么拼写不出来呢？"

小贝尔低着头一言不发，他觉得在小伙伴面前
失了体面。于是在爷爷的启发下，贝尔开始拿出课

本来跟着爷爷一起读单词，除了课本上的单词外，贝尔还跟着爷爷学了一些新的单词，不一会儿贝尔便能把这些单词背下来，看着有进步的贝尔，爷爷还表扬了他一番。

在爷爷的启发和教育下，小贝尔开始勤奋地学习了，在爷爷那里生活一年以后，贝尔回到了爱丁堡。

不过小贝尔虽然贪玩淘气，可他从小就喜欢拆装玩具或者解剖一些小动物，这对他形成良好的手工操作技能起到了良好的促进作用。据说，有一次贝尔看到附近的水磨磨谷物时十分费劲，他决心要改造一下这个水磨，以使它更省劲些。为此他开始翻阅家里的图书资料，经过一个月的反复推敲琢

14 岁的贝尔

磨，他居然设计出一幅改良水磨的草图，按他设计的方案把水磨改良后，那台水磨操作起来果然轻松多了。他也因此受到周围人的称赞，当时竟然有许多人专门从外地赶来学习呢！这件事给了贝尔很大的自信，也培养了他对科学的兴趣。从此，他开始自觉地学习了，等到了高中时，贝尔已经是学校里的优等生了。

电话的发明

在17岁时，贝尔就进入了苏格兰的爱丁堡大学学习，由于受祖父和父亲的影响，他选择了语音专业。后来又到伦敦大学继续攻读语音学。贝尔在语音学方面广博而精深的知识，很快引起了专家们的重视。在贝尔25岁时，便担任了美国波士顿大学的语音学教授。

一次偶然的实验启发了贝尔，于是一个大胆的设想就在贝尔的脑海中出现了：在讲话的时候，如

贝尔在演示打电话

果能够使电流强度的变化模拟出声波的变化，那么用电流传递声音的设想不就能够实现了吗？

这一设想就是日后贝尔发明电话的原始起因，不过把它变成现实对当时的贝尔来说，几乎是不可能的事，因为当时的贝尔对于电学的知识几乎一窍不通！

当贝尔最初把自己的想法告诉电学界的人时，许多人都说贝尔是痴心妄想，可贝尔并没有因此灰心丧气，反而坚定了自己制造电话的决心。他深信："世上无难事，只怕有心人。"

从此，贝尔专心致志地研究起电学，业余时间几乎全部用在了电学的研究上，很快他便掌握了所需的电学和声学知识。1873年贝尔辞去波士顿大学语音学教授的职务，租了近郊公寓一间破旧拥挤的小屋，开始正式地搞起实验来。两年中，他和助手经过了数不清的实验，但都失败了。

有一天，他和他的助手分别在两个房间里准备做对话试验。贝尔不小心把桌子上的硫酸弄翻了，结果硫酸洒在了他的腿上，不仅烧坏了贝尔的裤子，同时也把他的大腿烧得火辣辣的。烧疼了的贝尔忍不住叫了起来："华特生，快过来，我遇到麻烦了！"隔壁房间正拿着听筒和对话筒的华特生听到了贝尔的喊叫，他也高兴得叫了起来："我听到了，贝尔先生！"就这样，电话终于被贝尔发明出来了。

贝尔当年发明的电话早已进了博物馆，但是人们永远也不会忘记他的勤奋、执著和顽强进取的精神。

贝尔老式电话

发明大王——爱迪生
fā míng dà wáng　　ài dí shēng

生于 1847 年, 死于 1931 年。举世闻名的美国发明家。除了发明长久耐用的电灯、留声机外, 他还有 1000 多项发明专利。

"傻孩子"爱迪生
shǎ hái zi　ài dí shēng

爱迪生小时候好奇心特别强, 无论什么事都喜欢问个为什么, 而且只要可能, 他喜欢动不动就做试验, 为此常常闹出笑话来。他 6 岁时, 有一次他看见母鸡孵小鸡, 就想: "为什么鸡蛋能孵出小鸡呢? 我能不能孵出小鸡呢?"

一天傍晚, 爱迪生迟迟没有回家, 爸爸妈妈很着急, 就到处去找他。后来, 他们来到邻居的鸡舍。呀! 爱迪生正趴在一堆稻草上, 一动不动地孵小鸡呢。邻居们知道了这件事, 都笑得前仰后合, 觉得他真是个傻孩子。

有一次, 小爱迪生闯下了大祸。他看见一群人用鼓风机将风吹入一个大气球囊内, 然后点火做热气球飞行试验。他就动脑筋想，要是人的肚子里充满了气体，人不也就能飞起来了吗？那该多好啊！他想出了一个"美妙"的主意，他找来一种能产生气体的药粉，让一个小伙伴喝了下去，看看他能不能像气球一样飞起来。可是过了一会儿，小伙伴的肚子疼了起来，大声哭喊，差点儿送了命。这下，父亲真是气极了，狠狠鞭打了他一顿。但打过之后，爱迪生还是调皮捣乱如故，父母为此真是伤透了脑筋。

8岁时，爱迪生上学念书了。父母想，这下可好，孩子该不会再犯傻了吧。可不出两个星期，老师来告状了。原来，上算术课时，老师教"1＋1＝2"的加法，小朋友们都齐声跟着念，只有爱迪生一人不念，还反问老师："为什么一加一等于二呢？"老师被问得张口结舌。上语文课时，老师教关于星星和月亮的诗歌，他却缠着老师问："为什么星星、月亮不会掉下来呢？"对这些稀奇古怪的问题，老师答不上来，就骂爱迪生是"笨蛋"、"糊涂虫"、"低能儿"，校长也觉得这孩子只会扰乱教学秩序，于是，

勒令他退学。可怜的爱迪生仅上了3个月的学就回家了。从此以后，爱迪生就开始了自学。

电灯的发明

爱迪生童年时，每天晚上，人们都是用煤气灯照明。爱迪生决定，一定要发明电灯，取代煤气灯，要让所有的家庭都用上电灯。

爱迪生开始寻找通电后能发光的金属丝，他想把一小段金属丝装在玻璃里做灯丝，用电使它烧到白热发光。他的朋友劝他："别人这么做都失败了，那根本是条死路，行不通的。"爱迪生不信，他开始用各种金属做实验。他试了1600多种金属，都失败了，后来他不得不改变方向，开始寻找含纤维的东西。这也是一件非常不容易的事，因为他要寻找的灯丝不仅要制作简单、不易折断，还要能发光在1000小时以上，而且要与通电的铜丝接触良好。

爱迪生和他
的助手们每天用
很多东西做实验：
芦苇、树叶、木头、
纸，等等。有一
天，坐在桌前的爱

爱迪生发明灯泡给全世界带来光明

迪生突然像触电似地跳起来："去买棉线！"大家知
道，这肯定是爱迪生又来了灵感。于是，他们花了两
天时间用去了一卷棉线，终于有一截碳化棉线成
功地被装进玻璃泡，通电后便亮了起来。实验室里
所有的人都欢呼起来，这盏灯竟保持了45个小时不
灭。也就是在这一天，电灯被发明了。

爱迪生的实验并没有停止，他还在继续寻找灯
丝，他要让灯丝的寿命达到1500个小时以上，也就
是能保持60天灯光不灭。

有一天，一位朋友来拜访爱迪生，在谈话间，爱
迪生突然叫起来："哈！正好正好，借你的几根大
胡子用用。"原来，他想试验人的胡子能不能做灯

sī。在屡次失败中，爱迪生养成了一种习惯，不管在什么地方看到什么东西，首先会想它能不能拿来做灯丝。

一天下午，他突然看到一把竹扇，他想这不是很好的实验材料吗？他马上叫人把竹棍子削细，经过处理后放在显微镜下一照，竟比所有的材料结构都好。在以后的九年时间里，他们一直采用这种竹子做电灯的灯丝。

爱迪生发明了电灯，给千家万户带来了光明。

随着时间的推移，科技的进步，电灯越来越先进了。除此之外，爱迪生还发明了留声机、电影放映机等很多种东西。他也因此被人们称为"发明大王"。

爱迪生
发明的留声机

科学女杰——居里夫人

生于 1867 年,死于 1934 年。原籍波兰,后加入法国国籍。她发现了放射性元素——镭,是举世闻名的科学女杰。

专心致志

居里夫人原名玛丽·斯可罗多夫斯卡,跟著名化学家皮埃尔·居里结婚后,依照习俗,改名叫玛丽·居里,世称"居里夫人"。

居里夫人小时候就记忆力惊人,无论多么长的课文,只要她念过两遍就能准确地背诵,但实际上居里夫人的过目不忘,要归功于她惊人的注意力。

少年时期的居里夫人读起书来就很专心致志。只要她一拿起书,就什么都忘记了。她就成了一尊雕像,除了眼珠的转动外,全身各处绝不会有丝毫动静,她的姐妹们都认为这是一种怪癖,每当她看书时,姐妹们就挖空心思要转移她的注意力。

有一次,姐妹们将屋子里所有的椅子都收集起

来，然后开始在她身边搭起椅子"积木"。她们摆好了第一层椅子后，又放两把椅子上去做第二层，这时椅子"积木"已经很危险了，因为椅子是斜着放上去的，为的是尽量把它堆得易于坠落。接着又放一把椅子上去做第三层。这时只要坐在椅子"积木"中的人稍微一动，椅子就会轰然倒塌。但大家在做这些的时候她好像一点都没觉察。时间一分一秒过去了，她依旧纹丝不动地坐在一大堆椅子中，把头埋在书本中。一个小时过去了，她终于合上书，刚想站起来，椅子"轰"地倒塌了。她没有生气，也没有吃惊，只是轻轻笑了笑，就拿着书到另一间离她们远点的屋子去了。

民族的尊严受到凌辱

那个时候，玛丽的祖国波兰已经被奥、俄等几个国家瓜分了，华沙当时被并入了俄国的领土。

在学校里，学生们只能学俄语，但是学校为了反抗俄国的统治，仍然偷偷地教学生们波兰语。学校有一个俄国督学，常常耀武扬威地监视师生们的行动，学校为了防备督学的突然到来，于是在每一个教室里，都安装了一个秘密的电铃，只要一有情况这个电铃就会非常小声地叫上两声。这个时候，学生和老师们就会把书藏起来，然后，假装拿起俄国督学规定的教材。

一天，督学又突然对学校进行检查，玛丽她们班上正好老师在教学生们学波兰语，大家听到警告的铃声后赶紧把书藏在了秘密的地方，然后桌子上又重新摆起了规定教材，讲台上老师手里拿着一本俄文书，假装津津有味地念着。不一会儿，一个剪着短发戴着一副金边眼镜的男人走了进来，他便是俄国督学。

督学进来后，用怀疑的眼光扫了大家一眼后，气势汹汹地说道："给我叫一个学生起来，我要考一考，是不是真的在学俄国的东西。"

老师知道，这个督学又要难为学生了，于是她

bǎ bān shang jì yì lì zuì hǎo de mǎ lì jiào le qǐ lái
把班上记忆力最好的玛丽叫了起来。

bèi sòng nǐ de qí dǎo wén
"背诵你的祈祷文！"

mǎ lì yòng liú lì de é yǔ bèi sòng le yí biàn dū xué guān méi yǒu bàn
玛丽用流利的俄语背诵了一遍，督学官没有办

fǎ le yú shì yòu wèn mǎ lì dào wǒ men shén shèng de é guó huáng dì shì
法了，于是又问玛丽道："我们神圣的俄国皇帝是

nǎ jǐ wèi ya
哪几位呀？"

kǎi sè lín èr shì bǎo luó yī shì yà lì shān dà yī shì
"凯瑟琳二世、保罗一世、亚历山大一世……"

dū xué guān kàn mǎ lì yòng liú lì de é yǔ huí dá tā de wèn tí yǒu xiē
督学官看玛丽用流利的俄语回答他的问题，有些

huái yí de wèn mǎ lì nǐ shì zài é guó chū shēng de
怀疑地问玛丽："你是在俄国出生的？"

bù wǒ chū shēng zài bō lán
"不，我出生在波兰。"

xiàn zài shuí shì nǐ men bō lán de lǐng
"现在谁是你们波兰的领

xiù
袖？"

mǎ lì cǐ shí zhǐ shì yǎo zhe yá chǐ
玛丽此时只是咬着牙齿，

tā shí zài bú yuàn yì huí dá zhè ge wèn
她实在不愿意回答这个问

tí lǎo shī hé xiào zhǎng yě shí fēn wú nài
题，老师和校长也十分无奈

de jiāo huàn le yí xià yǎn shén
地交换了一下眼神。

dū xué kàn le xiào zhǎng yì yǎn rán
督学看了校长一眼，然

hòu màn tiáo sī lǐ de duì lǎo shī shuō nǚ
后慢条斯理地对老师说："女

shì nǐ nán dào bù jiāo xué sheng men zhè zuì
士，你难道不教学生们这最

居里夫妇
的实验用品

shén shèng de míng zi ma
神圣的名字吗？"

mǎ lì kàn zhe lǎo shī hé xué sheng men jīng kǒng de shén tài   fèn nù de huí
玛丽看着老师和学生们惊恐的神态，愤怒地回

dá dào   shì tǒng zhì é guó lǐng tǔ de yà lì shān dà èr shì bì xià
答道："是统治俄国领土的亚历山大二世陛下。"

xià cì huí dá wèn tí bù yǔn xǔ gù yì tuō yán shí jiān
"下次回答问题不允许故意拖延时间。"

shuō wán   dū xué guān zhǐ gāo qì yáng de kuà chū le jiào shì
说完，督学官趾高气扬地跨出了教室。

dàn zhè shēn shēn de cì tòng le mǎ lì yòu xiǎo de xīn líng   dū xué guān zǒu
但这深深地刺痛了玛丽幼小的心灵，督学官走

hòu   mǎ lì pǎo xiàng jiǎng tái bào zhe lǎo shī tòng kū qǐ lái
后，玛丽跑向讲台抱着老师痛哭起来。

huí dào jiā li zhī dào zhè jiàn shì de fù qīn ān wèi mǎ lì dào   yí gè
回到家里知道这件事的父亲安慰玛丽道："一个

guó jiā lǐng tǔ kě yǐ bèi qīn lüè zhě duó zǒu   mín zú de zūn yán yě kě yǐ zàn
国家领土可以被侵略者夺走，民族的尊严也可以暂

shí zāo dào líng rǔ   dàn shì nǐ yào jì zhù   zhī shi shì yǒng yuǎn wú fǎ cóng rén
时遭到凌辱，但是你要记住，知识是永远无法从人

men de tóu nǎo li duó zǒu de
们的头脑里夺走的！"

fù qīn kàn dào mǎ lì liǎn shang yǒu jǐ fēn xǐ sè   yòu jiē zhe shuō   nǐ
父亲看到玛丽脸上有几分喜色，又接着说："你

kàn luó mǎ yòng wǔ lì zhēng fú le xī là   dàn shì xī là què yòng wén huà zhēng
看罗马用武力征服了希腊，但是希腊却用文化征

fú le luó mǎ
服了罗马！"

léi de fā xiàn
镭的发现

mǎ lì   suì nà nián tā jiù yǐ yōu yì de chéng jì dài zhe jīn zhì jiǎng
玛丽15岁那年，她就以优异的成绩带着金质奖

居里夫人在做实验

章提前一年从中学毕业了。而后她又到法国巴黎留学深造。在那里，她在物理学学士学位考试中获得优异成绩而名列榜首。紧接着，她又以第二名的优异成绩获得了数学学士学位。

在此期间，玛丽认识了她后来的丈夫皮埃尔·居里。两个人结婚后，共同致力于科学研究工作。

居里夫妇经过几年的努力，从沥青铀矿中发现了一种放射性的元素，这种元素能在黑暗处自动发射出光亮。居里夫人把这种新元素命名为镭，是拉丁文中放射的意思。新元素被发现的消息迅速传遍了世界。

后来，经过45个月的奋战，居里夫妇终于成功地从沥青铀矿中提取出了镭。这一成功不仅向科学界证实了他们的发现，还给他们带来了诺贝尔奖的荣誉。

科学超人——爱因斯坦

生于 1879 年，死于 1955 年。杰出的物理学家，现代物理学的开创者，1900 年入瑞士国籍，1940 年入美国国籍。

爱思考的孩子

1879 年 3 月 14 日，艾伯特·爱因斯坦在德国的小城乌尔姆诞生了，他的父母都是犹太人。爱因斯坦天生一个大脑袋，而且头骨呈棱角形，他的祖母爱怜地抚摸着孙子的头顶，微笑着说："太重了！太重了！你小小的身躯，怎么顶得住这么个大脑袋呢？"

爱因斯坦 3 岁时还不会说话，父母亲都为他着急，他们带他去医院检查，可医生也表示没有什么办法。就在父母忧心忡忡之时，爱因斯坦突然说话了。

6 岁的那一年，父亲给爱因斯坦买了一个罗盘，他一下子对这个东西发生了兴趣。他手里拿着罗盘左右晃动，针也跟着他的晃动左右摇摆，但当一切都停止下来的时候，针还是指向原来的方向。

爱因斯坦的实验室

"爸爸，这个针为什么老是指向那个方向呢？"

"那是磁力吸引的原因，因为磁力的吸引所以它老是指着北方。"

"什么是磁力呢？"

"磁力就是……"

父亲被爱因斯坦的问题给问住了。爱因斯坦从小就爱思考、爱问问题，这是他与其他同龄孩子不同的地方，也正是因为如此，才促使他不断地思考、努力，最终成为举世闻名的大科学家。

朴实的科学家

人们尊敬爱因斯坦，不仅是因为他对物理学方面作出的杰出贡献，也是因为他有着朴实的性格和优秀的品质。

爱因斯坦和比利时的伊丽莎白王后是很好的朋友，他每年都有几次要坐火车去王后那里作客。爱因斯坦的妻子每次总给他订好往返的车票，因为如果她不这样做，给他的钱就会被用来救济某个穷苦落魄的人。

有一天，爱因斯坦决定去看看伊丽莎白王后，当时，他手里还有很大一笔钱。可是，就在他去买票的路上，用他的话说，他遇到了很多"需要帮助的人"，等他买完票后，手里的钱除了还能买一张三等车厢的车票外，只剩下几法郎了。他到了比利时后，想先找一处便宜的住处，就在街上徘徊了一段时间。最后，他走到一个贫民窟，那里住的都是穷苦人。这时，他浑身都是灰土，头发乱蓬蓬的，衣服皱巴巴的，除了手中

爱因斯坦的妻儿

159

tí zhe yí gè xiǎo xiāng zi shén me dōu méi yǒu
提着一个小箱子，什么都没有。

tā zhǎo dào yì jiā xiǎo diàn wèn diàn zhǔ zhè li yǒu diàn huà ma
他找到一家小店，问店主："这里有电话吗？"

diàn huà zài lǐ biān
"电话在里边。"

nǐ zhī dào zěn yàng jiē tōng wáng gōng ma
"你知道怎样接通王宫吗？"

wáng gōng nà wèi diàn zhǔ hé zuò zài diàn li de gù kè quán dōu zhēng
"王宫？"那位店主和坐在店里的顾客全都睁

dà le yǎn jing chī jīng de wàng zhe tā dà jiā fēn xī tā kě néng shì gè fēng
大了眼睛，吃惊地望着他。大家分析，他可能是个疯

zi yě kě néng shì gè wēi xiǎn fèn zǐ dàn fēng zi de kě néng xìng zuì dà
子，也可能是个危险分子，但疯子的可能性最大。

ài yīn sī tǎn zǒu chū diàn huà jiān kàn dào mén kǒu jù jí le yí dà qún
爱因斯坦走出电话间，看到门口聚集了一大群

rén fēn fēn dīng zhe tā kàn yuán lái tā
人，纷纷盯着他看。原来，他

dǎ diàn huà de shí hou zhè ge xīn wén yǐ
打电话的时候，这个新闻已

chuán biàn zhěng gè jū zhù qū hái yǒu liǎng
传遍整个居住区，还有两

gè jǐng chá shǒu zài mén kǒu tā men zhèng zài
个警察守在门口。他们正在

děng yí liàng jiù hù chē zhǔn bèi bǎ tā sòng
等一辆救护车，准备把他送

dào yī yuàn qù ne
到医院去呢！

wǒ de yàng zi kàn shàng qù yí dìng
"我的样子看上去一定

shì tài kě xiào le ài yīn sī tǎn hòu
是太可笑了。"爱因斯坦后

lái huí yì zhè jiàn shì shí xiào zhe yáo yao
来回忆这件事时，笑着摇摇

tóu shuō
头说。

爱因斯坦

生命的奇迹——海伦·凯勒
shēng mìng de qí jì hǎi lún kǎi lè

生于 1880 年，死于 1968 年。美国盲聋女作家、教育家。幼时患病，两耳变聋，双目失明。她靠自己的努力创造了生命的奇迹。

再也看不到光明了
zài yě kàn bú dào guāng míng le

海伦·凯勒刚出生的时侯和其他的小朋友一样有着正常的视觉和听觉，但是很不幸，在她快满两岁的时侯却突然生了一场大病，连续发了好几天的高烧，结果她丧失了听力和视力。因为她听不到别人说的话所以她也没有办法跟着学，因此海伦不但是聋子和瞎子，也和天生的哑巴没有什么两样。

那时侯的她还以为每个人都跟她一样，生活在黑漆漆的世界里，靠着触摸来分辨东西。海伦5岁的时候，渐渐地发现自己的感官和别人的有很大的不同，而最让她感到迷惑的就是大家都只有在跟她相处的时侯才会抓着她的手比来比去，而跟其他的人交流的时侯却是利用动嘴巴的方式，海伦时常好奇

少女时代的海伦·凯勒

地去摸身边的人的嘴唇和下巴，想弄清楚他们是怎么做的。

海伦六岁了，正常的孩子到了这个年纪就要开始上小学念书了，但是以海伦的情形当然没有办法去一般的学校求学，在当时专供残障者就读的学校非常少，而他们家又偏偏住在乡下。

有一天，海伦的爸爸兴冲冲地带回来一个消息："海伦的眼睛有希望了！"他说有一位非常神奇的医生，许多瞎了很久的人都被她治好了。第二天，爸爸妈妈就带着海伦去找那位医生，经过了一番彻底的检查之后，医生说她眼球的机能已经完全丧失，永远都没办法治好了，医生建议海伦的父母去华盛顿找一位叫亚历山大·贝尔的博士——一位非常热心的盲聋教育专家，说不定可以帮助海伦。

贝尔博士见到海伦和她的父母以后，就热心地帮他们联系一所叫做派金斯的盲人学校，请校方设法为海伦安排一位家庭教师。但是要找到一位懂得教育盲人和聋人又愿意到海伦家去的教师并不是很容易的事情。海伦的爸爸妈妈一直在期盼着能有位老师来，他们在期盼中等待着。

老师改变了海伦的一生

有一天，爸爸妈妈接到了派金斯盲人学校的通知，说有一位叫安·沙利文的老师立刻就要起程来他们家了。

这是一个阳光普照的下午，海伦一个人在庭院里头闲逛，突然，她凭着聋人和盲人特有的敏锐的感觉发现有一个人正慢慢地向她走来，海伦以为是妈

海伦和沙利文老师正用手语交谈

妈来了，就向来人的方向伸出了她的手掌，然而握住她双手的却是一双陌生的属于年轻女人的手。

接着，这个人又很友善地把她抱了起来，海伦伸手去摸了摸她的嘴角，弯弯的，表示她正在向自己微笑，于是海伦也露出了她的笑容。这是海伦·凯勒与沙利文老师的第一次会面，也是她们长达50年情谊的开始。

第二天，沙利文老师拿了一个洋娃娃送给海伦，同时沙利文老师还将洋娃娃这几个字写在海伦的小手心上。洋娃娃的英文字只有四个字母，因此海伦跟着沙利文老师学了几遍之后，很快就能正确地写出来了。但是，她那时侯并不知道这就是文字，她以为老师在教她画一种符号而已。在以后的几天里，沙利文老师又陆续地教海伦认识了一些简单的字，虽然沙利文老师很努力地想让海伦明白这些字的意义，但是海伦却仍旧以为老师在和她玩各种不同的画符号游戏。

有一天沙利文老师拿了一个新的瓷娃娃给她，

想帮她复习洋娃娃这个字，可是海伦却老是写着一些别的字，虽然沙利文老师一再地纠正她，但是海伦就是不听。海伦不耐烦地抓起洋娃娃用力地摔在地上，然而沙利文老师并没有生气，她弯下身来把地上的碎瓷片一片一片地捡干净了，然后牵着海伦的小手到屋外去散步。海伦很快就忘记了刚才的不愉快，她们来到了屋后的水井旁边，海伦家的工人正好在井边打水，井水随着抽水机一上一下的动作不断地从水管里流出来。沙利文老师牵引着海伦的手放在水流当中，接着在海伦的另一只手上重复地写着"水"这个字。就在这一瞬间她突然想通了，海伦终于明白她学的那些符号都代表着不同的东西。

在海伦的成长过程中这可是非常重要的一大步，因为她可以经由文字去认识世间的各种事物，也可以利用文字和别人相互沟通。

从此以后，海伦不管是接触到什么事物，她都要求沙利文老师把文字告诉她。海伦每天勤奋地学

习,认识的字越来越多,后来她不仅能写出很多东西的名称,甚至还能把几个单字连在一起构成句子。

转眼之间,海伦10岁了。在沙利文老师耐心的指导下,海伦除了能够用手指写字的方式和别人交谈以外,也学会了阅读点字书来学习更多的知识。所谓点字书就是专门供盲人阅读的书,书里的文字是由一个个凸起来的点组成的,好方便盲人借助触摸来分辨字句,因此海伦学到的知识即使和同龄的正常孩子比起来也丝毫不逊色。

沙利文老师也决定协助海伦向一个更高的目标挑战,那就是——学说话。沙利文老师听说有一位老师对指导聋人说话很有经验,特意带着海伦去向他学习。然而海伦比其他的聋人更难学说话的地方是她的眼睛也看不见,无法观察别人的嘴唇

海伦通过阅读盲文书籍增长了很多知识

和舌头的变化，因此海伦只能先用手去触摸老师的嘴，再模仿他的嘴型来发音，而且发出来的音她自己也听不到，如果有错误的地方也只好一遍又一遍地靠着触摸来修正，当遇到了一些比较难分辨的发音的时侯，海伦往往要尝试几十遍甚至几百遍才能够顺利地说出来。有时侯海伦也难免会因为一再的失败而感觉到疲惫或灰心甚至于想放弃不学了，幸好沙利文老师总是在一旁鼓励她，而她也不断地告诉自己："不想当哑巴就一定得坚持下去，我要让大家都能听到我说的话。"

就这样，海伦历尽了煎熬，一个音一个字地慢慢学习，最后总算能说出完整的句子了。

接下来海伦又以惊人的毅力学习了法语、英语、德语、希腊语、拉丁文以及代数、几何、物理课程。16岁时，海伦如愿以偿地考入了哈佛大学。

几年后海伦以优秀的成绩从大学毕业，开始从事写作和教育事业，并把一生奉献给了自己的事业，赢得了各国民众的赞扬。

轮椅上的总统——罗斯福

生于1882年，死于1945年。美国历史上唯一连任4届的总统。他领导美国参加反法西斯战争，倡导建立联合国，为世界格局的形成和美国社会的发展做出了巨大贡献。

幸福的童年

1882年1月30日，罗斯福出生在美国纽约赫德逊河畔一个名叫海德公园的庄园里。这是一个十分富足的家庭，父亲是个百万富翁，母亲从自己父亲那里继承了大笔遗产，他们不仅拥有一所漂亮的住宅，还拥有大片的土地和树林。

罗斯福是他父亲54岁时才得到的"老来子"，所以特别受宠爱。他聪明、漂亮、健康、活泼，父亲视他为掌上明珠，母亲也对他关怀备至。为了使罗斯福成为一个心灵纯洁高尚的人，母亲在他身上倾注了全部的心血，亲自安排照顾他的生活。从他降生的那天起，母亲就开始为他记日记。在日记中，她详细记录了罗斯福的成长过程和兴趣爱好。父亲更是疼爱这个儿子，他经常抽出时间和罗斯福在一起，教他游泳、钓鱼、划船、骑马，用肩膀驮着他在庄园周围巡视，以培养他对这块土地的热爱和珍惜。大概没有哪一位美国总统的童年能像罗斯福的童年那样充满幸福和安宁。

还是在罗斯福5岁时，受总统邀请，父亲带他前往白宫拜会克利夫兰总统。这位总统执意要罗斯福的父亲接受美国驻海牙公使的职务，但罗斯福的父亲始终不答应，他说："我太爱我的庄园了，还有那些马和牛。我是个胸无大志的人，我唯一的愿望就是使我的妻子幸福，为我儿子的将来打下一个基础。"父亲的诚恳之言，深深打动了克利夫兰总统，他点点头说："您是一个明智的人。"然后，他俯身用困惑的目光注视着罗斯福。"祈求上帝吧！"他拍了拍罗斯福的头，说："永远不要让你当美国总统。"这个祝愿太让小罗斯福费解了，但却迎合了父亲的意愿，坚定了他对儿子未来的设想：做自己庄园的继承人。

在对罗斯福的未来设计上，母亲和父亲的想法十分一致。她为罗斯福设想的最高理想是，长大后像他的父亲一样正直诚实、公正仁慈，成为一个堂堂正正的美国人，像

少年罗斯福与母亲合影

他的父亲、祖父一样当个乡绅，永远在这个庄园里过宁静的生活。为此，母亲千方百计地按照小贵族的生活方式培养罗斯福，除了让他学习语言外，还给他安排了钢琴、绘画课程。但罗斯福的兴趣从不在这上面，他怎么也学不会弹琴和画画。

父母为罗斯福请了家庭教师。有一位来自瑞士的很优秀的老师，她每天教小罗斯福6个小时的法语、英语和欧洲史。小罗斯福记忆力很好，尤其是背词汇的能力很强。他后来成为美国历史上少有的能讲法、德两门外语的总统。

这位具有社会正义感的老师让小罗斯福的思想超出了家庭的范围。她经常给小罗斯福讲外面的世界，每当这个时候，小罗斯福就会静静地坐在那里，专心致志地听她讲。听完了，他总会问一些问题："老师，那些穷人为什么没有饭吃呢？""老师，那个国家的统治者怎么那么坏呢？"……他第一次知道了世界上还有无数的穷人每天都吃不饱。老师有时候也会被问得哑口无言。可是老师并不是随便找个借口来搪塞他，每当老师回答不上来的时候，她就会说："这个问题老师也不知道，你可以看书，书里会告诉你答案的。"

在家庭教师的教导和自己的勤奋阅读中，小罗斯福开始把自己的视野投向了广阔的世界中。他明白了世界上并不是所有的人都像他那样衣食无忧。他开始感到富裕的人们应该对不幸的人们负有责任，应该帮助他们。这时，一种为社会服务的责任感已深深印在他的脑子里了。

坐着轮椅临危受命

14岁的罗斯福在接受了在父母看来是完全必要的教育后，终于离开了庄园，走进了美国著名的格罗顿学校，这是一所私立的贵族子弟学校。1900年罗斯福从学校毕业后，考入了哈佛大学学习法律。大学期间罗斯福对政治产生了浓厚兴趣，并开始积极参加各种政治活动。

毕业后做了几年律师的罗斯福决定参加纽约州参议员的竞选。罗斯福以一个民主党人的身份参加了这次竞选，没想到首次竞选，罗斯福便取得了成功，成为一名年轻的州议员，从此罗斯福便开始了他的从政生涯。然而，正当他在美国政坛蒸蒸日上之时，一件不幸的事情发生了。

罗斯福与家人在一起

1921年8月，39岁的罗斯福在游泳时，突然患了急症，从此便成为跛足，但残疾的罗斯福并未因此气

罗斯福与农夫交谈

馁而退出政坛。相反他却以惊人的毅力和病魔斗争，并为小儿麻痹者建成了水疗中心，接待了全国许多患者。各地报纸对此作了报道，从此，罗斯福在公众的心目中树立起了更加完美的形象。

1933年，坐着轮椅的罗斯福临危受命，就任美国总统。针对美国受经济危机影响，银行倒闭、农业生产萧条、失业人数众多的情况，罗斯福发表了鼓舞人心的演说，团结了各派人士共同实现新政计划，很快把美国从危机中解救了出来。

表现罗斯福入主白宫的绘画

xǐ jù biǎo yǎn dà shī　　zhuó bié lín
喜剧表演大师——卓别林

生于1889年，死于1977年。英国出生的美国电影演员和导演。他一生共拍摄80余部喜剧片，塑造了诸多幽默风趣的流浪汉形象，是公认的喜剧大师和电影大师。

tì mā ma yǎn chū
替妈妈演出

　　卓别林于1889年4月出生于英国的伦敦。他的父亲是个出色的喜剧演员，母亲是一位歌唱演员。卓别林的童年是在伦敦东区的一个贫民窟里度过的。

　　卓别林出生的时侯，正值英国的经济处于萧条时期，父亲因失业而整天借酒消愁，不久便郁郁而死。哥哥雪尼和他便经常吃不饱饭，他们俩常常穿着母亲的鞋子去领取救济食品。

　　聪明的卓别林经常把捡回来的一些废品做成一些小玩艺儿去卖给那些稍微有钱一点的孩子，挣上几个便士然后买一些食物来与哥哥一起充饥。

　　父亲死后，母亲也染上了饮酒的习惯。一天，母亲带着卓别林到游戏场去演出,卓别林便躲在侧幕里看母亲演出,可是母亲刚唱了两句就唱不出来了,台下一下子乱得一塌糊涂。有的观众甚至于高叫退票,剧场老板一看势头不好,于是只好到处找人替场,谁知找了一圈也找不到合适的人,这时卓别林站了出来。

"老板,我来代替妈妈演唱。"

"你这小家伙能行吗?"

"能行。"

老板看着卓别林自信的眼神便同意了卓别林上台试一试,结果他在台上又是跳又是唱,把观众们逗得很高兴,歌刚唱了一半居然好多观众都向台上扔去了硬币。卓别林生怕别人把台上的硬币捡走,他一边滑稽地捡起钱,一边唱得更欢了。在观众的欢呼声中,卓别林一下子唱了好几首歌。

卓别林的经典扮相

nà yì nián zhuó bié lín zhǐ yǒu suì cóng nà yǐ hòu mǔ qīn biàn kāi shǐ

那一年卓别林只有5岁，从那以后，母亲便开始

jiāo zhuó bié lín chàng gē hé biǎo yǎn mó fǎng lì hěn qiáng de zhuó bié lín yì xué

教卓别林唱歌和表演，模仿力很强的卓别林一学

jiù huì le yú shì tā jīng cháng dào jiē shang qù mài yì zhèng yì xiē qián lái bāng

就会了，于是他经常到街上去卖艺挣一些钱来帮

zhù jiā li

助家里。

zì gào fèn yǒng zhōng chéng cái

自告奋勇终成才

suì shí zhuó bié lín shàng xué le tā zài xué xiào chéng jì hěn hǎo tè

7岁时卓别林上学了，他在学校成绩很好，特

bié shì tā de lǎng sòng zài xué xiào li fēi cháng yǒu míng xué xiào jīng cháng ràng zhuó

别是他的朗诵，在学校里非常有名，学校经常让卓

bié lín dào qí tā bān jí qù biǎo yǎn lǎng sòng

别林到其他班级去表演朗诵。

suì nà yì nián yóu yú shēng huó suǒ pò zhuó bié lín lí kāi xué xiào jìn

8岁那一年，由于生活所迫，卓别林离开学校进

rù ér tóng xì bān xué yì qù le ér tóng xì bān jīng cháng dào gè dì qù xún huí

入儿童戏班学艺去了，儿童戏班经常到各地去巡回

yǎn chū kě shì zài ér tóng xì bān li lǎo bǎn què cháng cháng yào tā tiào mù jī

演出，可是在儿童戏班里老板却常常要他跳木屐

wǔ tā duì zhè ge jué sè fēi cháng bù mǎn suǒ yǐ tā zǒng shì zài tōu tōu de

舞，他对这个角色非常不满，所以他总是在偷偷地

xué chǒu jué de jué sè nǎ pà zài jiē shang kàn jiàn yí gè chǒu jué zài biǎo yǎn tā

学丑角的角色，哪怕在街上看见一个丑角在表演他

yě huì zhù zú guān mó

也会驻足观摩。

yǒu yì nián shèng dàn jié de shí hou fǎ guó zhù míng de chǒu jué míng xīng mǎ

有一年圣诞节的时侯，法国著名的丑角明星马

sài lín lái dào ér tóng jù tuán hé dà jiā tóng tái yǎn chū dāng shí mǎ sài lín de

塞林来到儿童剧团和大家同台演出，当时马塞林的

卓别林

jié mù zhōng xū yào yí gè yǎn yuán yǎn yì zhī
节目中需要一个演员演一只
māo yóu yú mǎ sài lín de míng qì tài
猫，由于马塞林的名气太
dà dāng shí yǎn chǒu jué de hǎo xiē
大，当时演丑角的好些
yǎn yuán dōu bú tài gǎn jiē shòu zhè
演员都不太敢接受这
ge jué sè kě shì zhuó bié lín
个角色，可是卓别林
què zì gào fèn yǒng de jiē shòu
却自告奋勇地接受
le zhè ge jué sè dà jiā dōu wèi tā niē le yì bǎ hàn shuí zhī tā què hé
了这个角色，大家都为他捏了一把汗，谁知他却和
mǎ sài lín pèi hé de fēi cháng mò qì
马塞林配合得非常默契。

zhè cì de chéng gōng biǎo yǎn shǐ zhuó bié lín yì shí dào zì jǐ de yì shù
这次的成功表演，使卓别林意识到自己的艺术
tiān fèn zài yǎn chǒu jué shang tā bǎ zì jǐ de jīng lì quán bù tóu rù sù zào
天分在演丑角上。他把自己的精力全部投入塑造
chǒu jué rén wù shang jīng zhàn de biǎo yǎn yōu mò de wǔ tái rén wù xíng xiàng
丑角人物上。精湛的表演、幽默的舞台人物形象，
shǐ tā piàn yuē yuán yuán bú duàn hěn kuài chéng wéi shì jiè jí de chǒu jué dà míng
使他片约源源不断，很快成为世界级的丑角大明
xīng
星。

wú sī rén cí de xiū nǚ　　tè lǐ sà
无私仁慈的修女——特里萨

原名艾格尼丝·贡扎，生于马其顿的斯科特里，洛雷托修女会修女。她一生热衷于慈善事业，并建立了自己的慈善传教团，旨在"全心全意无偿地为最贫困的人服务"。

pái chú zǔ náo zuò xiū nǚ
排除阻挠做修女

nián　　nuò bèi ěr hé píng jiǎng shòu yǔ le xiū nǚ tè lǐ sà zài
1979年，诺贝尔和平奖授予了修女特里萨。在
jiē shòu jiǎng jīn shí tè lǐ sà xiū nǚ nà jí wéi qiān gōng de tài dù ràng zài
接受奖金时，特里萨修女那极为谦恭的态度让在
chǎng de měi yí wèi lái bīn dōu shēn shòu gǎn dòng　　tā shuō　　　zuò wéi wǒ gè rén
场的每一位来宾都深受感动。她说："作为我个人
lái shuō　zhè fèn jiǎng jīn wǒ shòu zhī yǒu kuì　　jīn tiān wǒ yǐ quán shì jiè de qióng
来说，这份奖金我受之有愧。今天我以全世界的穷
rén　bìng rén hé gū dú de rén de míng yì jiē shòu zhè fèn róng yù
人、病人和孤独的人的名义接受这份荣誉！"
dì èr tiān quán shì jiè de xǔ duō bào zhǐ dōu bào dào le tè lǐ sà huò
第二天，全世界的许多报纸都报道了特里萨获
jiǎng de xiāo xi rén men bǎ tā chēng wéi shèng mǔ
奖的消息，人们把她称为圣母。
tè lǐ sà de fù qīn shì yì míng jiàn zhù chéng bāo shāng　　mǔ qīn shì yí gè
特里萨的父亲是一名建筑承包商，母亲是一个
xián shū de měi rén　tā de tóng nián shēng huó jí wéi xìng fú　　zài rén men de yìn
贤淑的美人。她的童年生活极为幸福，在人们的印
xiàng zhōng　　tā shì yí gè yòu pàng　yòu táo qì de jiǎ xiǎo zi
象中，她是一个又胖、又淘气的假小子。
ài gé ní sī zài dāng dì shàng xué　　xué de shì sāi ěr wéi yà yǔ　zài
艾格尼丝在当地上学，学的是塞尔维亚语。在
tā suì nà nián tā chū cì gǎn wù dào zì jǐ de zhí yè shì　　bāng zhù qióng
她12岁那年，她初次感悟到自己的职业是"帮助穷

特里萨

人"。于是她热心公益活动，参加了罗马天主教的一个儿童联谊组织——玛丽会社，并开始对国外传教充满向往。当她的哥哥拉孔尔得知妹妹要当修女的消息时大吃一惊。他极力反对艾格尼丝的行为，他说："难道你就要这样毁了你的一生吗？"但艾格尼丝却说："我决不是在毁掉我自己，恰恰相反我是在爱我自己，爱那些千千万万的受苦人。"除了哥哥拉孔尔，反对她做修女的还有父母亲。然而，艾格尼丝不顾家中的百般阻挠，意志坚决。17岁这年，艾格尼丝加入了在孟加拉湾工作的洛雷托修女团。她先来到爱尔兰，在都柏林的洛雷托修道院学习英语，接着她来到印度，在喜马拉雅山脚下的大吉岭山坡驻地见习，并于1937年在此正式宣誓加入洛雷托修女

huì tā xuǎn le tè lǐ sà zuò wéi zì jǐ de jiào míng yǐ cǐ jì niàn chuán jiào
会。她选了特里萨作为自己的教名，以此纪念传教

shèng nǚ lì xī ěr sī de shèng tè lǐ sà
圣女——利西尔斯的圣·特里萨。

yì xīn wèi qióng rén de shèng mǔ
一心为穷人的"圣母"

zài dà jí lǐng jiàn xí qī mǎn hòu tè lǐ sà xiū nǚ lái dào yìn dù jiā
在大吉岭见习期满后，特里萨修女来到印度加

ěr gè dá de shèng mǎ lì zhōng xué dāng lì shǐ hé dì lǐ jiào shī rán ér
尔各答的圣·玛丽中学当历史和地理教师。然而，

xiū dào yuàn zhèng chǔ yú jiā ěr gè dá zuì āng zāng de dì qū zhī zhōng zhè ge
修道院正处于加尔各答最肮脏的地区之中。这个

bèi chēng wéi kǒng bù de hēi yè zhī chéng de dì fāng yōng yǒu quán shì jiè zuì
被称为"恐怖的黑夜之城"的地方拥有全世界最

duō tiáo jiàn zuì huài de pín mín kū měi měi kàn dào nà xiē jū zhù zài è liè
多、条件最坏的贫民窟。每每看到那些居住在恶劣

huán jìng xià chì shēn luǒ tǐ de ér tóng tǎng zài xiǎo xiàng li shòu gǔ lín xún de jī
环境下赤身裸体的儿童、躺在小巷里瘦骨嶙峋的饥

mín hé bìng rén tè lǐ sà xiū nǚ nà kē shàn liáng rén ài de xīn jiù huì yǐn
民和病人，特里萨修女那颗善良、仁爱的心就会隐

yǐn zuò tòng yóu qí dāng tā mù dǔ nián fā shēng zài yī sī lán jiào tú hé
隐作痛。尤其当她目睹1946年发生在伊斯兰教徒和

yìn dù jiào tú zhī jiān de cán shā yǐ jí yóu cǐ suǒ zào chéng de yí xì liè xuè
印度教徒之间的残杀以及由此所造成的一系列血

xīng chǎng miàn hòu tā yì rán lí kāi xiū dào yuàn zhèng rú tā zì jǐ hòu lái suǒ
腥场面后，她毅然离开修道院，正如她自己后来所

xù shù de nà yàng wǒ tīng dào le zhǔ de zhào huàn fàng qì yǎn qián de yí
叙述的那样，"我听到了主的召唤，放弃眼前的一

qiè suí tā dào pín mín kū bāng zhù nà li zuì pín kùn de rén tā tuō xià
切，随他到贫民窟，帮助那里最贫困的人。"她脱下

xiū nǚ huì hēi bái xiàng jiàn de yī fu pī shàng xiāng zhe lán biān de bái lì shā
修女会黑白相间的衣服，披上镶着蓝边的白丽莎

180

服行走到街上，走进了穷人之中。她在印度巴特那生活了3个月，向在那里从事医院服务的传教修女学习护理和药物配制知识。同年她加入印度国籍。

1950年，特里萨修女在加尔各答成立了自己的慈善传教团，旨在"全心全意无偿地为最贫困的人服务"。慈善团的修女们每天工作近16个小时，每次她们在街上看到的都是肮脏、疾病与灾难。但当她们亲眼目睹特里萨修女用破裂的手从乞丐的伤口里往外挑蛆、轻抚麻风病人残肢的情景，就会不顾劳累与肮脏继续地投入到工作当中去。特里萨修女还从市政厅那里申请到卡利神庙附近供香客休息的两个房间，用以收容那些街头病人、医院拒收的和无人照看的人。这里，被人们称为"纯洁心灵之地"。

在她的感召下，越来越多的人走进了这个慈善教会，那身镶着蓝边的白丽莎服也开始为全世界的人所熟悉。随着公众和志愿者的增加，她们的服务

项目也逐渐增多。除了开设初中学校，她们还办了诊所、药品分发处、弃儿之家、濒死者之家、麻风病人村等等，教会甚至还提供紧急援助、参与救灾。

特里萨修女开始在全世界范围内建立慈善传教会基地。到了20世纪70年代，她在5个大陆中建立了57个基地，无论是罗马、委内瑞拉，还是澳大利亚的土著人居住地伯克，世界上的大部分土地都留下了特里萨修女的足迹。另外，她还在越南南方、柬埔寨的金边建立了难民营。

正是特里萨修女那无私的献身精神和一颗充满仁慈与关爱的心给她带来了无数的荣誉，赢得了全世界的尊重。

特里萨在教会学校